VERS LA FÉDÉRATION D'OCCIDENT :

DÉSARMONS LES ALPES !

(II, 8)

DU MÊME AUTEUR

Artillerie : *Des canons à Fils d'acier* (Berger-Levrault, 1887). — *Expériences américaines sur le Frettage des Bouches à feu* (Id., 1889). — *Notes sur le Canon de campagne de l'avenir* (Id., 1891). — *L'Artillerie de l'avenir et les nouvelles Poudres* (Id., 1893). — *Vue générale sur l'Artillerie actuelle* (Id., 1895).

Art militaire : *La Poudre sans Fumée et la Tactique* (Id., 1890).

Histoire : *Sedan : les derniers Coups de feu* (Dentu, 1885).

Linguistique : *La question de la Langue internationale et sa solution par l'Esperanto* (Giard et Brière, 1897).

Organisation militaire : *La Défense nationale et la Défense des côtes* (Berger-Levrault, 1894). — *La Défense des côtes et la Marine* (Id., 1895). — *Artillerie et budget* (Id., 1897). — *L'armée d'une Démocratie* (Édit. de la Revue Blanche, 1899). — *La Réforme militaire : Vive la Milice !* (Bellais, 1900).

Politique internationale : *L'Alsace-Lorraine devant l'Europe* (Ollendorf, 1894). — *Autour de la Conférence interparlementaire* (Colin, 1895). — *Alsace-Lorraine, réponse à un pamphlet allemand* (Id., 1895). — *L'Ère sans violence. Revision du Traité de Francfort* (Édit. de la Revue Blanche, 1890). — *Ce que coûte la Paix armée, et comment en finir* (Bureau Français de la Paix, 1900).

En préparation :

Histoire sommaire de l'Arbitrage international permanent.

Essai sur la langue parlée à Quélimane, avec notes sur la population indigène.

BIBLIOTHÈQUE PACIFISTE INTERNATIONALE

VERS LA FÉDÉRATION D'OCCIDENT :

DÉSARMONS LES ALPES !

PAR

Gaston MOCH

MEMBRE DU BUREAU INTERNATIONAL DE LA PAIX (BERNE),
PRÉSIDENT DE L'INSTITUT INTERNATIONAL DE LA PAIX (MONACO).

PARIS (V^e)
V. GIARD ET E. BRIÈRE
LIBRAIRES-ÉDITEURS
16, RUE SOUFFLOT, ET 12, RUE TOULLIER

1905

Il n'est pas inutile de noter que M. Moch traite ici d'un cas exceptionnel : il suffira de lire ce qui suit pour reconnaître que son conseil de désarmement local et progressif ne saurait faire grief à la défense nationale.

S. P.

DÉSARMONS LES ALPES !

***De l'anarchie à la Cour d'arbitrage*[1].** Les lampions sont éteints, les drapeaux sont repliés, et le Président de la République est de retour de ce voyage triomphal en Italie, que les masses populaires ont salué d'un enthousiasme sans précédent.

Il reste à dégager de ces journées historiques la sanction concrète qu'elles comportent, pour le bien des deux nations et du monde civilisé tout entier.

***

Mais auparavant, il est nécessaire d'embrasser d'un coup d'œil l'ensemble de l'évolution vers la Paix au cours de ces dernières années.

1. Il convient d'indiquer que cette étude a été écrite en mai 1904, et a été publiée, en partie, dans la livraison du 15 juin de la *Revue* (Voir la note finale).

Rarement, en effet, on a pu observer opposition aussi absolue entre les jugements que suscitent, d'une part, la constatation des actes brutaux de la politique internationale de certains États et, d'autre part, l'étude du mouvement d'idées qui tend, lentement, mais d'autant plus sûrement, à saper les fondements mêmes de cette politique de rapines.

Tant de gens, trop simplistes pour savoir analyser la complexité des phénomènes d'une évolution mentale, ou trop paresseux d'esprit pour s'occuper d'idées qui dérangent leurs habitudes, ou enfin trop prévenus pour vouloir se donner cette peine, ont beau jeu, quand on leur parle des progrès de l'idée pacifique, à répondre : Transvaal, Venezuela, Extrême-Orient !

C'est que, ici, comme dans tous les phénomènes naturels, les événements soudains et brutaux, les grandes catastrophes, produisent une impression disproportionnée avec leurs effets véritables, et masquent à l'observateur superficiel les causes profondes et permanentes de l'évolution. Un témoin de l'éruption de la Martinique aura peine à admettre que ce phénomène terrifiant est négligeable, au point de vue du résultat final, en com-

paraison des dépôts imperceptibles que le temps
accumule au fond des mers. Et le dernier survi-
vant d'une famille exterminée par la peste ou le
choléra ne concevra pas davantage que les rava-
ges sournois de la tuberculose sont infiniment
plus pernicieux à l'humanité que ceux de ces
grandes épidémies.

Il en est de même de la lutte actuelle pour l'organisation de la Paix. Cette organisation est une
œuvre de longue haleine, qui ne peut se concevoir que comme la résultante d'une accumulation
de petits progrès partiels, comparables aux sédiments sous-marins. Ces progrès, parce qu'ils ont été
obtenus dans le domaine de l'idée, sont impérissa-
bles, une fois acquis, de même que les sédiments, dé-
posés en état d'équilibre stable, sont aptes à former
les assises inébranlables des continents futurs.
Mais, pour l'observateur à courte vue, ils disparais-
sent devant les violents soubresauts de la civilisa-
tion guerrière qui succombe, comme le lent travail
des eaux devant l'éruption impétueuse des volcans.

Or, s'il est un fait certain, c'est que l'allure de
l'évolution vers la Paix s'est accélérée, depuis six
ans, jusqu'à dépasser les espérances des plus optimistes.

Les deux derniers tiers du xix⁰ siècle ont introduit et généralisé, dans l'administration internationale, la pratique des Unions et des Bureaux permanents [1], et, dans la politique internationale, celle des « arbitrages occasionnels », c'est-à-dire des arbitrages spécialement convenus à l'occasion de chaque difficulté particulière.

Une fois cette première étape franchie, on pouvait se représenter que l'évolution aurait à parcourir les stades suivants, dont chacun exigerait de longues années :

Usage de plus en plus fréquent de la clause arbitrale (ou clause compromissoire), qui figure déjà dans un grand nombre de traités ;

Conclusion de traités d'arbitrage permanent entre certaines nations ;

Simplification de la procédure, par l'institution d'une Cour internationale permanente entre deux ou plusieurs de ces États, et accession successive d'autres États à cette Cour ;

Formation d'une jurisprudence internationale, d'un droit international véritable, résultant du fonctionnement de la Cour ;

Adhésion générale à cette Cour et à son Code,

1. Sur ce point particulier, voir la note I, page 39.

c'est-à-dire en fait, fédération des États civilisés ;

Entre temps, développement du système des Unions avec Bureau permanent, sur le modèle de l'Union postale universelle, solidarisant de plus en plus les intérêts des États, en leur appliquant une administration commune et internationale.

C'est ainsi du moins que j'indiquais les futures étapes du mouvement, au printemps de 1898, non sans observer que certaines d'entre elles pourraient être interverties, ou même franchies sans arrêt[1].

Or, quatre mois plus tard, le message du tsar venait bouleverser ces prévisions, en imprimant à l'évolution une accélération irrésistible.

Ce message lui-même se rattachait directement à un ensemble de faits trop peu connus du public, et que je dois rappeler sommairement. Ce sont :

En 1894, au VI° Congrès universel de la Paix (Anvers), l'adoption du « Code de l'arbitrage », portant organisation d'une « Cour permanente d'arbitrage » ;

1. Voir l'étude intitulée *La guerre et le militarisme*, dans l'*Ère sans violence* (Paris, éditions de la *Revue Blanche*).

En 1895, à la VI° Conférence interparlementaire, l'adoption d'un projet de « Cour permanente d'arbitrage international », dérivé du précédent ;

En 1896, la communication de ce projet à tous les gouvernements ;

En 1898, le message du tsar ;

En 1899, la Conférence de La Haye ;

En 1900, l'organisation de la « Cour permanente d'arbitrage » de La Haye.

Sans doute, il est de mode de médire de cette Cour de La Haye, et d'observer avec un sourire qu'elle n'a empêché ni la guerre du Transvaal, ni celle d'Extrême-Orient.

Peu importe : l'argument ne vaut pas. On savait que la première de ces guerres ne pouvait être empêchée : si l'on avait admis les Républiques Sud-africaines, suivant leur demande, à la Conférence de 1899, on en écartait la Grande-Bretagne, et l'on tuait en germe l'œuvre imparfaite qu'il a été possible d'accomplir. Quant à l'Extrême-Orient, il est encore en dehors de la zone d'action du parti de la Paix : on ne peut tout obtenir d'un coup. Et, s'il est vrai que ces guerres ont pu être déchaînées, il ne l'est pas moins que cette nouveauté naguère utopique —

la Cour permanente d'arbitrage — existe, et qu'elle a déjà pu rendre des sentences, c'est-à-dire empêcher d'autres guerres, s'imposant ainsi à l'attention et au respect de tous.

Ces premiers résultats sont des faits, assurément minimes si on les compare aux désastres que la guerre a accumulés depuis la Conférence de 1899, mais bien considérables, si l'on sait évaluer ce qu'ils représentent de traditions heurtées de front, et d'espérances ouvertes à l'humanité souffrante et agissante. Et pour concevoir tout ce qu'ils ont d'inespéré, il suffit de se remémorer les sarcasmes et les accusations qui accueillaient, il y a six ans seulement, ceux qui prédisaient qu'un jour viendrait où un tribunal serait appelé à juger entre les nations. Aujourd'hui, les journaux graves et bien pensants qui nous vilipendaient de la sorte, nous reprochent de n'avoir pas encore partie gagnée !

Or, ces résultats ont été bientôt suivis d'autres, plus importants encore, car nous y voyons les Etats de l'Europe occidentale emportés, bon gré, mal gré, par la nécessité d'organiser enfin entre eux, non seulement la paix proprement dite, mais une véritable fédération.

Les traités d'arbitrage permanent.   Ce sera l'honneur de la République française, d'avoir été l'initiatrice des conventions d'arbitrage permanent entre grandes Puissances militaires européennes, ainsi que des ententes cordiales pour la liquidation amiable de différends anciens.

Sans doute, le type de convention d'arbitrage qu'elle a institué, d'accord avec la Grande-Bretagne, et qui a été reproduit par ses traités avec l'Italie, l'Espagne, les Pays-Bas, la Suède-Norvège, les États-Unis et la Suisse, ainsi que par le traité anglo-italien [1], est bien imparfait, puisque, à l'imitation de la Convention de La Haye, il limite à des cas déterminés le recours à l'arbitrage. Mais le traité dano-hollandais du 12 février 1904, dépourvu de toute restriction, est venu aussitôt après démontrer la possibilité de l'arbitrage absolu, tel que l'entendent les pacifistes. Et l'importance de ce dernier accord est d'autant plus grande, qu'en vertu de son article 4, il est ouvert à toutes les Puissances ; il offre donc aux pacifistes un nouveau terrain d'activité, en leur faisant un devoir de s'efforcer d'y déterminer l'adhésion de leurs pays respectifs.

1. Puis par quantité d'autres (Voir les notes II et III, p. 44 et 45).

Mais, si regrettables que soient, pour le principe, les restrictions admises, elles sont plus apparentes que réelles, et ne constituent nullement un danger. Il est vrai que les détracteurs de ces accords ont pu en contester la valeur, en arguant qu'un gouvernement belliqueux sera toujours maître de déclarer que tel différend n'est pas d'ordre juridique ou intéresse l'honneur ou l'existence de la nation, afin de le soustraire à l'arbitrage. Mais il est aisé de répondre que « tout différend peut être énoncé ou exposé de manière à pouvoir être soumis à des juges[1] », et recevoir par conséquent un caractère juridique, et que, sous la pression d'une opinion de moins en moins soucieuse de ruines et d'hécatombes, les gouvernements s'efforceront de donner ce caractère à leurs litiges, plutôt que de le leur contester. Et l'on ajoutera que personne n'a encore osé nier l'utilité intrinsèque des traités d'arbitrage ; que les seules critiques portées, par les sceptiques aussi bien que par les pacifistes, visaient précisément la trop grande timidité de ceux qui ont été signés ; que, vraisemblablement, les gouverne-

---

1. Emile Arnaud, *Un traité d'arbitrage permanent entre la France et l'Angleterre* (*La Justice internationale*, 25 mai 1903)

ments n'ont montré cette timidité que parce qu'ils ne croyaient pas que l'opinion fut déjà mûre pour quelque chose de mieux ; qu'en présence des bonnes dispositions constatées de ce côté, ils ne pourront manquer d'appliquer les traités dans un esprit de conciliation, et non de discorde ; qu'enfin il suffira donc d'achever d'éclairer l'opinion pendant les cinq années pour lesquelles les traités ont été conclus, pour qu'à leur expiration ils soient remplacés par d'autres plus satisfaisants.

Les résultats acquis : importance des conventions franco-anglaise et franco-italienne. Mais ce qui montre le mieux quelle est la valeur réelle de ces traités, combien l'esprit en est supérieur à la lettre, et tout ce qu'on en peut espérer pour l'avenir, c'est l'impression de détente, de confiance, qu'ils ont produite, et les effets bienfaisants qui en sont aussitôt résultés.

A cet égard, on peut affirmer que les quatre années écoulées entre la Conférence de La Haye et le traité franco-anglais ont été la période de gestation la plus féconde que l'Europe ait connue.

Tout d'abord, s'il est vrai que la nouvelle orientation politique n'a point empêché la guerre de Mandchourie, on ne saurait nier qu'elle en a prévenu la généralisation. Qu'on se reporte à l'époque de Fachoda, et l'on imaginera ce qui serait advenu, si la France et la Grande-Bretagne s'étaient trouvées dans les mêmes dispositions qu'alors, au moment où la guerre a éclaté entre leurs deux alliées.

Ici, à la vérité, on n'est en présence que d'un résultat négatif, donc contestable. Mais d'autres faits, tangibles et d'importance capitale, sont venus montrer qu'il y a quelque chose de changé en Europe.

Le premier est la série de conventions par lesquelles la France et la Grande-Bretagne — ces prétendues ennemies héréditaires — ont réglé d'un trait de plume plus de différends coloniaux qu'il n'en fallait autrefois pour ensanglanter le monde entier.

Je me souviens d'avoir été traité jadis de visionnaire pour avoir soutenu que ce serait un jeu, pour un ministre des Affaires étrangères animé d'un véritable esprit pacifique, de régler toutes les difficultés pendantes entre la France et la Grande-Bretagne. C'était, disais-je, pour les deux pays, une grande facilité, que d'être divisés, non par une seule question, mais par vingt litiges distincts ; de cette manière, ni l'un ni l'autre ne pouvant espérer obtenir partout gain de cause, la porte était ouverte à une négociation d'ensemble, où chacun pourrait céder à l'autre ce à quoi ce dernier tenait le plus. L'événement a prouvé l'efficacité de cette politique de concessions réciproques, dans laquelle chacun, tenant compte des besoins et des susceptibilités légitimes du voisin, reçoit en réalité plus qu'il ne donne.

Ici, le traité d'arbitrage permanent, préparé lui-même par une active propagande du parti de la Paix, a précédé la liquidation amiable des différends.

Le cas des relations entre la France et l'Italie était plus délicat. Séparées par des défiances et des calomnies habilement semées et entretenues, liées à deux systèmes politiques opposés, ces deux nations semblaient d'autant plus irrémédiablement divisées que leurs griefs réciproques étaient inconsistants, pour ne pas dire imaginaires ; les bons citoyens qui luttaient de part et d'autre pour le rapprochement n'osaient pas espérer voir s'établir, de si tôt, plus que des relations simplement correctes.

C'est qu'en vérité le traité d'arbitrage franco-italien était mieux qu'une simple convention conclue entre deux nations. Il devait entraîner et engager l'Europe entière : il n'était pas moins que la démonstration de la vanité des terreurs qui dominent depuis si longtemps la politique du continent.

Au printemps de 1903, c'est-à-dire au moment où se faisait la propagande la plus active en faveur de la conclusion du traité d'arbitrage franco-anglais, je rencontrai un des hommes politiques de France qui ont le plus contribué à la conclusion de cet accord. Je lui demandai s'il n'était pas d'avis que le moment était venu de conclure un semblable traité franco-italien. « Sans doute, me répondit-il. Et quand nous aurons le traité franco-anglais, et que la Chambre sera appelée à l'approuver, je me charge de faire voter d'enthousiasme, en fin de séance, une motion invitant le gouvernement à négocier dans le même sens avec l'Italie. » — « Ce serait, lui fis-je observer, la plus grande œuvre politique qu'on puisse accomplir actuellement. La Triple Alliance, aussi bien que la Double, n'a jamais cessé de proclamer qu'elle était sincèrement pacifique et défensive. Le malheur est seulement que cette affirmation ne rencontrait aucune créance, et que les Puissances ont donc continué d'armer comme si chacune d'elles était à la veille de se voir attaquer par l'Europe entière. Que la France et l'Italie soient liées par un traité d'arbitrage, et il sera clairement démontré à chacun des deux groupes que l'autre ne prémédite aucune agression ; on aura émoussé la pointe des deux Alliances ; et, la confiance s'étant substituée à la suspicion réciproque, le désarmement deviendra enfin possible. »

Les événements se sont succédé plus vite que nous n'osions l'espérer : avant même que les Chambres aient été saisies du traité franco-anglais, un membre de la Triple Alliance était lié à la France par une convention d'arbitrage permanent.

Pour une négociation aussi imprévue, aussi contraire à l'idée que le public se faisait du caractère des deux Alliances, la marche ne pouvait être la même que dans le cas du traité franco-anglais. Ici, le traité d'arbitrage a été précédé, préparé par l'accord politique, par l'entente relative à l'équilibre méditerranéen, qui avait été préparée elle-même par le soin que la France avait eu de tenir compte, lors d'une négociation antérieure avec l'Angleterre, des visées italiennes sur la Tripolitaine.

Mais, par contre, ce traité fut immédiatement suivi de la Convention de travail franco-italienne.

Cette dernière est certes moins sensationnelle, au point de vue de l'ancienne politique des chancelleries, que l'arrangement colonial franco-anglais, puisqu'elle n'a déterminé de changement sur aucune feuille de nos atlas. Mais elle est infiniment plus importante, en réalité, car elle marque le début d'une ère ; elle est symptomatique des préoccupations de l'humanité nouvelle, tournées vers le travail productif, et non plus vers la spoliation brutale ; vers l'entr'aide fraternelle, et non plus vers les rivalités stériles. Et, si elle n'a fait passer aucune province d'un pays à l'autre, elle a fait mieux : elle a dans une certaine mesure, annexé en entier les deux pays l'un à l'autre, puisqu'elle a assuré à leurs citoyens, sur la terre dite étrangère, les avantages dont ils jouissent dans leur propre patrie ; elle a littéralement doublé la patrie pour les travailleurs français et italiens !

Peut-être trouvera-t-on ces mots un peu trop dithyrambiques. Mais semblable critique, si elle est portée, tiendra uniquement à ce que la Convention franco-italienne est totalement inconnue du public. C'est là un symptôme bien caractéristique de l'état de la Presse contemporaine. Voici une convention qui unifie pratiquement les caisses d'épargne des deux pays, qui met sur le pied d'égalité les ouvriers français et italiens au point de vue des caisses de retraite et d'invalidité, ainsi que des accidents de travail ; les deux pays s'y engagent à harmoniser leurs législations sur la protection du travail, le gouvernement italien s'engageant notamment à créer dans son pays une inspection du travail et à réduire la durée du travail des femmes ; ils conviennent enfin que l'adhésion de l'un d'eux à toute conférence internationale en vue d'unifier les lois protectrices des travailleurs entraînera *ipso facto* l'adhésion de l'autre (ce qui vient de se réaliser aussitôt, la Suisse ayant proposé la réunion d'une conférence sur la réduction du travail des femmes, et la France ayant adhéré) [1] ; — et cette convention de

---

1. Voir à la note **V**, p. **56**, le texte de cet important document.

pur internationalisme, par laquelle, pour la première fois, deux grands pays abdiquent une si large part de leur souveraineté, tient moins de place dans les journaux que le fait divers le plus oiseux, ou qu'une réclame profitable, habilement dissimulée ; que dis-je, les journaux n'en parlent même pas !

L'importance d'un tel événement ne peut pourtant pas leur avoir échappé. La vérité est que, troublés dans leurs vieux préjugés d'isolement national, inconscients des transformations profondes déjà opérées et de celles, plus grandes encore, qui se préparent, ils n'osent pas commenter ces faits qui les surprennent et les effraient. La *Jeune Europe*, tant de fois plaisantée ou décriée par eux, surgit enfin, et ceux qui devraient éclairer l'opinion publique ne savent que dire.

Mais qu'il survienne encore un petit nombre de traités analogues à celui-là, et les États qui les auront conclus ne seront-ils pas pratiquement fédérés, alors même qu'ils ne s'appelleraient pas officiellement des États-Unis ? Et que nous importera le nom, du moment que nous posséderons la chose ?

La _Fédération_ d'Occident. Ce que signifient ces événements sans précédent, c'est l'écroulement du système politique que Bismarck avait édifié par le fer et le feu.

A l'hégémonie française, réalisée dans une certaine mesure au temps où l'Europe se réduisait à trois ou quatre dynasties rivales, passagèrement constituée par Napoléon, maladroitement cherchée encore par le Second Empire, Bismarck avait voulu substituer l'hégémonie allemande, fondée sur un bloc de puissantes alliances militaires et sur de profonds dissentiments, habilement suscités par lui entre la France, d'une part, la Grande-Bretagne, l'Italie et même, au début, l'Espagne, de l'autre.

A ces rêves chimériques d'un autre temps, la conscience des hommes de progrès et l'obscur instinct de conservation des masses répondaient, depuis quelque temps déjà : Plus d'hégémonie en Europe, ni française, ni allemande, ni autre, mais des peuples autonomes et solidaires ! Plus d'alliances et de contre-alliances menaçantes, mais une entente ouverte à tous, pour le bien de tous, pour la lutte contre la souffrance humaine !

Le rapprochement des Puissances occidentales

ne fait que concrétiser cette aspiration nouvelle. L'esprit le plus obtus ou le plus prévenu ne saurait voir de menace pour qui que ce soit dans ces arrangements, par lesquels des nations libres, traitant de paires à égales, ont réglé leurs vieux différends, en prévenant ceux de l'avenir.

Et le philosophe y salue avec joie la première réalisation de la grande idée d'Auguste Comte, de cette « République Occidentale » — nous dirions aujourd'hui : de la *Fédération d'Occident*, — retardée de plus d'un demi-siècle par Napoléon III et Bismarck, et que devaient composer la France, la Grande-Bretagne, l'Espagne, la future Allemagne et la future Italie, avec les petits Etats intermédiaires [1].

Sans doute, le rêve de Victor Hugo, la constitution des Etats-Unis d'Europe, était plus beau encore. Mais l'objectif plus limité d'Auguste Comte est évidemment plus facile à atteindre ; et il est aujourd'hui à portée de notre main.

A la vérité, l'Allemagne, au début de ce mouvement, semblait devoir s'en tenir à l'écart. Ceux

1. Il va de soi que, de nos jours, la combinaison comprendra en outre les Etats Scandinaves, qui tiennent depuis longtemps la tête du mouvement pacifique.

de ses organes qui passent pour refléter l'opinion
des classes dirigeantes, plaisantaient la politique
inaugurée par la France, la Grande-Bretagne et
l'Italie, ou même dénonçaient en elle une manœu-
vre tendant à isoler l'Empire, à nouer contre lui
on ne sait quelle coalition.

Mais telle était la force de l'idée nouvelle, que,
dès juillet 1904, l'Allemagne concluait avec
l'Angleterre un premier traité d'arbitrage, bientôt
suivi d'autres.

Assurément, il ne faut point se faire d'illusions. L'Empire Germanique, parce qu'il a signé
quelques conventions d'arbitrage, n'est pas prêt
à entrer de plein pied dans la République Occidentale. Il a boudé à la Conférence de La Haye,
jusqu'à porter la lourde responsabilité d'avoir fait
échouer une partie de l'œuvre entreprise. Il a
commencé, de même, par bouder au mouvement
qui entraîne les nations libérales vers la politique
de paix et d'union. Trop visiblement, il ne s'y
laisse aller que de mauvaise grâce, sous la pression des événements ; et il reste le pays du « gan-
telet d'acier », du « glaive tranchant », de la
« poudre conservée au sec », et aussi — car les
métaphores ne sont malheureusement pas tout —

du militarisme sans frein et des budgets de guerre sans cesse croissants.

Là se trouve la grande inconnue de notre époque. Les pacifistes n'ont jamais prétendu instaurer du jour au lendemain un ordre nouveau dans le monde entier. Que la génération actuelle organise en vue de la paix l'Europe occidentale, l'Europe libérale, et établisse un accord entre elle et les États-Unis d'Amérique, et elle aura accompli sa tâche.

Mais, entre les Occidentaux et les Asiatiques, la transition est formée par le groupement formidable des peuples slaves, en grande majorité retardataires dans leur développement intellectuel et politique. Et, quelque bonne volonté pacifique qu'ait manifestée l'empereur Nicolas, il ne faut pas moins qu'une rénovation totale, disons une révolution, plus le temps nécessaire au pénible apprentissage de la liberté, pour que la Russie puisse être considérée comme un Etat véritablement européen, marchant de pair avec ceux de l'Occident. D'ici à cet avenir éloigné, elle restera une puissance semi-asiatique, heureux si son centre de gravité politique ne se porte pas davantage vers l'Orient, par la mainmise sur une partie de la Chine.

D'autre part, à aucun moment de l'histoire contemporaine, l'Allemagne officielle n'a cessé d'être en coquetterie réglée avec sa voisine de l'Est ; et, en ce moment même, elle redouble d'avances à son égard, poussée qu'elle est par la crainte de l'isolement, et par la supposition que la politique actuelle de la France a pu porter ombrage à la Russie.

Supposition tout erronée, soit dit en passant. Il faut qu'un étrange aveuglement règne à Berlin, pour qu'on n'y comprenne pas que, de toute nécessité, la Russie a été pressentie lors de la préparation des derniers traités ; que la France est destinée à jouer, en vue de la conclusion d'un accord analogue, le rôle d' « honnête courtier » entre son alliée et la Grande-Bretagne ; que la Russie, en s'empressant d'adhérer la première à la convention relative à l'Égypte, a clairement marqué son approbation du passé et ses bonnes dispositions pour l'avenir ; qu'enfin il suffit que la possibilité d'un rapprochement anglo-russe soit ainsi démontrée, pour que cette entreprise — le chef-d'œuvre de la politique pacifique ! — soit tentée et accomplie par notre gouvernement.

Tandis que les peuples d'Occident sont en train

de s'organiser en fédération, la Russie, déjà alliée de l'un d'eux, est donc vraisemblablement destinée à se rapprocher de ce groupement, sans cesser de s'en distinguer, pour un temps assez long, par l'ensemble de ses conditions politiques, et, par conséquent, sans devoir participer à la vie commune aussi largement que chacun des autres États.

La question est de savoir de quel côté se portera l'Empire allemand, pour la durée de la période historique dans laquelle nous entrons. La Cour et les hobereaux l'orienteront-ils dans le sens d'une alliance avec la Russie, et réussiront-ils au point d'entraver l'accession de cette dernière à la Fédération de la paix ; ou bien, les éléments démocratiques seront-ils de force à lui faire abandonner la conception surannée des alliances menaçantes, pour l'amener à la politique des ententes amiables et juridiques ? L'Allemagne de la première moitié du xx° siècle sera-t-elle russe ou européenne ? La Fédération d'Occident sera-t-elle limitée par le Rhin ou par la Vistule ? Question angoissante, à laquelle ni les discours de l'empereur et de son chancelier, ni les articles de la presse officieuse ne semblaient jusqu'ici promettre une réponse satisfaisante. Mais la façon même dont l'Allemagne a dû entrer, bon gré, mal gré, dans la voie des traités d'arbitrage, nous permet aujourd'hui de répéter avec confiance le mot du poète : Ceci tuera cela !

Le désarmement intérieur de la Fédération.

Quoi qu'il en soit, la situation actuelle est la suivante :

Concordant avec l'émotion soulevée en tous pays par la Conférence de La Haye, l'arrivée au pouvoir des partis avancés a déterminé en France une première application de ce que, dans une étude antérieure, j'appelais la « politique internationale républicaine [1] ». Les temps étaient mûrs pour cette tentative. Les premiers traités d'arbitrage permanent furent conclus, et leur seule existence créa aussitôt l'atmosphère de confiance nécessaire à la conclusion de deux instruments diplomatiques qui resteront parmi les plus grands événements de notre époque, l'arrangement colonial franco-anglais et la convention franco-italienne pour la protection des travailleurs.

1. Voir *L'Ère sans violence*.

Pour qui sait observer les faits d'évolution, et dégager la continuité de leur courbe des perturbations momentanées que leur infligent les phénomènes antagonistes, la Fédération de l'Europe occidentale (et septentrionale) est donc en voie de réalisation, et de réalisation rapide ; car il est dans la nature des choses qu'une semblable évolution, dont les avantages sont immenses et évidents, et à laquelle il est impossible de trouver un inconvénient, se poursuive d'un mouvement rapidement accéléré. On peut dire que, dès maintenant, cette Fédération est virtuellement faite.

Que cette Société d'Etats, qui pourra pendant assez longtemps encore, être menacée d'attaques extérieures, doive conserver un certain appareil défensif, cela est de toute évidence. Mais il est également incontestable que ce serait de sa part folie pure, que de maintenir son état militaire actuel, *de rester armée contre elle-même.*

Comment donc déposera-t-elle la partie devenue inutile du harnois qui l'écrase ?

J'ai développé à plusieurs reprises les raisons pour lesquelles il est impossible que le désarmement de l'Europe soit effectué en vertu d'une entente spécialement conclue à cet effet par les puissances[1]. Sans revenir sur cette démonstration, je me borne à indiquer ici que les conditions matérielles, très diverses, où se trouvent les États, empêcheraient de déterminer les bases équitables d'un désarmement proportionnel ; que les armements, étant résultés de l'inquiétude générale, dureront autant qu'elle, et disparaîtront d'eux-mêmes, quand la confiance internationale se sera établie ; bref, que ce désarmement se fera par l'évolution inverse de celle qui a déterminé les armements, c'est-à-dire qu'il ne sera pas concerté et simultané, mais que chaque puissance l'opérera spontanément, librement et progressivement.

Le désarmement des Alpes.

Eh bien, ce désarmement spontané et progressif, la France et l'Italie sont en mesure d'en donner l'exemple. Alors que le rétablissement de leur amitié les y convie, il est impossible d'imaginer deux États qui remplissent mieux les conditions voulues pour le réaliser, de par la nature même de leur configuration et de l'organisation défensive qui en est résultée.

---

1. Voir notamment l'ouvrage précité, *passim*.

Par là, elles sont réellement privilégiées au sein de la Fédération naissante. Même pour ébaucher le pas le plus timide dans la voie du désarmement, il faut en effet qu'on se trouve dans des conditions éminemment favorables, qui enlèvent aux patriotes, sincères ou professionnels, tout prétexte de crainte. Il ne suffit pas que la confiance dans les suites de cette mesure soit partiellement établie, il faut qu'elle soit absolue et générale. Demander un désarmement dont l'innocuité n'est pas évidente, c'est perdre son temps.

Par exemple, certains esprits bien intentionnés réclamèrent, au lendemain du rapprochement franco-anglais, une réduction des flottes des deux pays, ou au moins un arrêt ou un ralentissement dans la construction des navires. Il était impossible qu'ils obtinssent gain de cause, car on pouvait leur répondre fort justement que la flotte britannique, comme la française, n'a pas été constituée contre le seul pays voisin, et qu'il existe d'autres grandes puissances maritimes, à l'égard desquelles on est obligé de prendre des précautions.

Tout autre est le cas de la France et de l'Italie. Séparées par un massif de montagnes où les passages sont peu nombreux, elles ont en effet, l'une et l'autre, fortifié ces passages et créé des troupes spéciales, destinées à la défense de ces régions difficiles. Chacune d'elles possède ainsi des fortifications qui n'ont de raison d'être que dans l'inimitié de la nation voisine, et des troupes uniquement destinées à combattre cette voisine : le tout est devenu inutile, maintenant que l'état de paix juridique, appuyé sur une amitié sans arrière-pensées et sur l'accord des intérêts matériels, est institué le long de la frontière qui va du Mont-Blanc à Menton.

Les troupes alpines, d'autre part, n'ont, en raison de leur spécialisation, aucune affectation relative aux autres théâtres éventuels d'opérations. Si donc on les supprimait (au moins partiellement, pour commencer), ni la France, ni l'Italie ne se trouveraient affaiblies en rien : rassurées en ce qui concerne leur frontière commune, elles disposeraient, sur tout le reste de leur territoire, des mêmes ressources militaires qu'aujourd'hui.

Point n'est besoin, pour cette suppression, d'une négociation quelconque : de semblables pourparlers seraient d'autant plus délicats, que telle influence extérieure pourrait être tentée d'en troubler le cours.

Non, point de négociations, mais seulement la libre initiative de l'une des Puissances intéressées. L'autre gouvernement ne le voulut-il pas, serait aussitôt obligé, par la plus formidable poussée d'opinion, d'entrer à son tour dans la voie du désarmement.

Et c'est à la France à prendre cette initiative. Elle le doit à sa voisine, parce qu'elle est la plus forte et la plus riche ; et elle se le doit à elle-même, parce que le gouvernement de la République ne saurait laisser à un autre le mérite de cette mesure de salut.

Nous avons, sur les Alpes, à Albertville, à Grenoble, au Mont-Cenis, à Briançon, devant Nice, des forts perdus dans les neiges, où de petites garnisons mènent l'existence la plus pénible et désormais la plus inutile, parfois à portée de canon d'une troupe italienne avec laquelle elles fraternisent. Supprimons les garnisons, et laissons les ouvrages, en attendant leur démantellement, sous la surveillance d'un simple gardien, comme on fait déjà pendant la mauvaise saison pour les plus haut perchés.

Et licencions également nos troupes alpines !

Que les trembleurs se rassurent : l'opération ne

sera pas instantanée, mais devra se faire graduellement, ce qui permettra de la régler sur la conduite ultérieure de l'Italie. Et l'on peut être certain que celle-ci n'en profitera pas pour précipiter son armée sur la vallée du Rhône ' Bien au contraire, elle ne peut manquer de saisir cette occasion d'alléger semblablement ses charges ; et, je le répète, le roi ne le voulut-il pas, que la nation le voudrait.

Il va de soi que ces troupes ne devront pas être portées en arrière, vers d'autres garnisons ; car ainsi, en désarmant les Alpes, on ne ferait que renforcer les armements dans le reste du pays. Il faut qu'elles soient licenciées purement et simplement.

Je ne veux pas dire par là que les hommes qui les composent seront renvoyés séance tenante dans leurs foyers. On ne peut ni congédier brusquement les cadres, vis-à-vis desquels la nation a pris des engagements, ni libérer les soldats plus tôt que leurs camarades des autres armes. Mais on supprimera les unités constituées ; on placera les officiers et les hommes à la suite d'autres corps de troupe ; et l'on réduira proportionnellement, à partir de l'année suivante, le nombre des entrées dans les écoles militaires, ainsi que le contingent appelé au service.

Mais, dans une réforme de cette importance, qui n'est elle-même que le prélude d'une réforme autrement vaste, il importe de tenir compte d'intérêts de clocher et « droits acquis », assurément secondaires, mais dont la coalition pourrait devenir dangereuse pour les grands intérêts généraux qu'il s'agit de sauvegarder.

Les villes des régions frontières ont en effet tiré du militarisme à outrance le parti qu'elles pouvaient ; les énormes garnisons qui s'y trouvent constituent le plus clair du revenu de bon nombre d'entre elles, et leurs conseils municipaux ne manqueront pas de réclamer des compensations. On pourrait leur répondre que les charges écrasantes de la paix armée n'ont pas été inventées pour alimenter le commerce local et l'octroi de quelques villes frontières. Mais il y a mieux à faire, et il est facile de les dédommager richement : il suffit pour cela que l'État cède gracieusement à ces villes, en toute propriété, les terrains et les constructions militaires dont il n'aura plus que faire. Les villes y trouveront un bénéfice considérable ; et l'Etat n'y perdra pas, à proprement parler, car le prix de revient de ces établissements peut être considéré comme passé depuis longtemps aux profits et pertes des budgets extraordinaires ; et, au surplus, le budget ordinaire y gagnera de n'avoir plus à pourvoir à leur entretien [1].

Ce premier désarmement, encore une fois, ne nécessite aucune négociation avec l'Italie. Il suffit qu'il soit annoncé hautement, et exécuté au grand jour. Pour cela, le moyen le plus simple est que le Gouvernement propose aux Chambres un amendement à la loi des cadres, par lequel il serait autorisé à supprimer, par simple décret, tout ou partie des troupes spécialement destinées à la défense des Alpes, chasseurs alpins, régiments régionaux, et batteries à pied et de montagne.

S'il ose cette démarche, il sera suivi, d'enthousiasme, par les Chambres et par la nation.

S'il ne l'ose pas, il faut qu'il se trouve dans la majorité un député qui ait le courage civique de l'y convier.

Car cette étude s'adresse à nos amis d'Italie,

1. *L'Alsace-Lorraine devant l'Europe*, Paris, Ollendorff, 1894

aussi bien qu'aux Français. Et, s'il s'en trouvait un pour faire comprendre à son Gouvernement quel beau geste ce serait à l'Italie, précisément parce qu'elle est la sœur cadette et moins puissante, de nous tendre en confiance une main désarmée, quelle ne serait pas notre honte, de ce côté des Alpes, de nous être ainsi laissé prévenir !

Que le Gouvernement de la République déclare donc officiellement son intention de désarmer les Alpes, et entreprenne sans tarder cette œuvre. Un an ne se sera pas écoulé, que, de chaque côté, la valeur d'un petit corps d'armée aura disparu.

Sans doute, l'allègement obtenu sera faible. Mais l'exemple sera grand, et le retentissement, immense. Et il convient que le premier allègement soit modeste. Car, à le vouloir trop fort, on alarmerait les timides, on fournirait des prétextes aux militaristes, et l'on retarderait finalement la délivrance.

Que la République donne le signal de cette délivrance : l'occasion est unique.

Et, en attendant, que les pacifistes des deux pays prennent pour mot d'ordre ce cri : « Désarmons les Alpes ! »

APPENDICE

Note I. — Administration et législation internationales.

De tout temps, il a pu arriver que deux ou plusieurs États, ayant à pourvoir à la gestion de certains intérêts communs, convinssent de le faire par le moyen d'un organe administratif international, spécialement créé à cet effet, et muni par eux des pouvoirs nécessaires. Mais, dans la seconde moitié du XIXᵉ siècle, le développement des moyens de communication a déterminé un tel enchevêtrement des affaires et des intérêts de toute nature, qu'il a fallu imaginer des formes administratives toutes nouvelles, contenant en germe la plus complète des révolutions politiques : les Unions et les Commissions internationales.

La première création importante, dans cet ordre d'idées, fut celle de la *Commission européenne du Danube*, organisée en 1856 par le traité de Paris. Cette Commission, comprenant actuellement des délégués de l'Allemagne, de l'Autriche-Hongrie, de la France, de la Grande-Bretagne, de l'Italie, de la Roumanie, de la Russie et de la Turquie, possède certains pouvoirs souverains sur la partie du Danube en aval de Braïla : indépendante du gouvernement roumain, elle a un pavillon particulier, exerce la police, arrête et publie des règlements ayant force de loi, lève des impôts, conclut des emprunts et dispose de ces ressources pour des travaux d'utilité publique. Il est donc bien permis de dire que le cours du Danube, de Braïla à la mer, est une sorte d'État neutre, administré par une autorité toute spéciale ; car si les membres de la Commission ne sont que les délégués des États contractants, la Commission elle-même est tout à fait indépendante de ces derniers, qui n'ont d'action, dans ses délibérations, que pour la voix que chacun d'eux y possède.

La *Commission mixte du Pruth,* instituée en 1866, est composée des mêmes délégués que la précédente, et possède des pouvoirs analogues.

On peut rapprocher de ces organismes la *Compagnie universelle du Canal de Suez* (1854) ; c'est une simple société anonyme par actions, mais, en raison de l'importance des intérêts en jeu, elle s'est vu conférer des droits et imposer des devoirs qui font d'elle, dans une certaine mesure, une personne juridique analogue à un État.

Par la convention du 29 octobre 1888 (France, Allemagne, Autriche-Hongrie, Espagne, Grande-Bretagne, Italie, Pays-Bas, Russie, Turquie), le canal et ses annexes sont déclarés neutres, libres, et ouverts à tous navires de commerce ou de guerre, en temps de guerre comme en temps de paix, sous le contrôle d'une *Commission internationale.*

Quant aux Commissions internationales par lesquelles un groupe de puissances a substitué sa gestion, pour un objet déterminé, à celles d'un État, ainsi mis en tutelle, elles sont fort nombreuses. Il suffira de citer l'*Administration de la dette publique ottomane*; le *Conseil international de santé*, également à Constantinople; la *Caisse de la dette publique égyptienne*; la *Commission financière internationale*, à Athènes, etc.

Dans les exemples qui précèdent, on n'a affaire qu'à des intérêts, internationaux à la vérité, mais portant sur des objets limités, navigation d'un fleuve ou d'un canal, créances particulières, précautions sanitaires concernant le pèlerinage de la Mecque, etc.

Pour d'autres intérêts, d'ordre plus général, des groupes d'États ont constitué des *Unions*, par lesquelles ils ont limité, pour le bien commun, leur souveraineté. Telles sont par exemple, les *Unions monétaires latine* et *scandinave*.

Enfin, certains intérêts, tout à fait généraux, ont exigé une entente à la fois plus complète et plus étendue, et déterminé la création d'Unions destinées à englober tout le monde civilisé. Ces Unions sont caractérisées par l'existence de *Bureaux internationaux* permanents, entretenus à frais communs, et chargés de la gestion courante de l'intérêt considéré, dans l'intervalle entre deux sessions de *Congrès* ou *Conférences* périodiques, dont la mission est d'amender la Convention constitutive de l'Union. On compte jusqu'à présent neuf de ces Unions, ayant pour organes exécutifs les Bureaux permanents ci-après:

Bureau central de *Géodésie internationale*, Potsdam, 1866.

Bureau international de l'*Union postale universelle*, Berne, 1874.

Bureau international des *Administrations télégraphiques*, Berne, 1868.

Bureau international des *Poids et Mesures*, Paris, 1875.

Bureau international de l'*Union pour la protection de la propriété industrielle* (1883) et de l'*Union pour la protection littéraire et artistique* (1886), Berne.

Bureau international pour la *Répression de la traite*, Bruxelles, 1890.

Bureau international pour la *Publication des tarifs douaniers*, Bruxelles, 1890.

Bureau international des *Transports par chemins de fer*, Berne, 1890.

Ces Unions et ces Bureaux permanents ne sont rien moins que le germe d'une future administration internationale, qui englobera peu à peu bien d'autres affaires, encore maintenues aujourd'hui sous le régime anarchique de la souveraineté absolue des États. Quelques précautions que ces derniers aient prises, en effet, pour sauvegarder cette souveraineté dont ils sont si jaloux, ils ont été contraints, par la force des choses, de la limiter pour ces objets déterminés : ici, il ne saurait plus être question d'indépendance, mais, bien au contraire, d'*interdépendance*.

Et les liens déjà noués sont si indispensables et si puissants, qu'on n'en saurait même plus concevoir le relâchement ; imagine-t-on quelle serait la situation d'un État qui s'aviserait de sortir de l'Union postale universelle ? Cette situation serait si fâcheuse, qu'aux personnes qui veulent à toute force que l'on donne une sanction extérieure (inutile, à notre avis) aux sentences des arbitrages internationaux, on peut répondre que, si une Puissance se refusait à exécuter une telle sentence, les autres n'auraient, pour l'amener à composition, qu'à dénoncer à son égard certains de ces traités d'Union : elle ne supporterait pas longtemps une semblable mise à l'index.

Du moins, la législation intérieure semblait-elle devoir rester le dernier refuge des partisans de la souveraineté absolue des États : les internationalistes les plus ardents s'accordent à proclamer l'autonomie des nations, c'est-à-dire le droit, pour tous les groupements humains volontairement constitués à l'état de corps de nation, et reconnus comme tels, à se donner les lois qui leur conviennent.

Mais, même ici, on commence à comprendre que des tempéraments sont indispensables : entre deux peuples, comme entre deux individus, la liberté de l'un est limitée par les droits de l'autre. Et, sans même aller jusqu'à considérer le cas de lois que se donnerait un peuple au mépris des droits des étrangers, il faut tenir compte de l'intérêt qu'il y a pour toutes les nations, étant donnée leur pénétration réciproque toujours croissante, à harmoniser, autant que faire se peut, les dispositions de leur droit privé.

C'est à cette tâche, aussi importante que difficile, que sont consacrées les *Conférences de droit international privé,* dont M. Asser a eu le grand mérite de décider le gouvernement des Pays-Bas à prendre l'initiative, en 1892.

De 1893 à l'année actuelle, il s'est tenu à La Haye plusieurs de ces Conférences, qni ont abouti aux deux importantes conventions de 1896 et de 1904.

La première de ces Conventions a facilité notablement la procédure internationale, en établissant des règles communes pour la communication d'actes judiciaires ou extra-judiciaires, pour les Commissions rogatoires, la caution *judicatum solvi,* l'assistance judiciaire gratuite et la contrainte par corps.

Mais, en 1904, on est allé beaucoup plus loin, en s'attaquant à la base même des Codes civils, à l'état des personnes au point de vue international. Les trois Conventions qui viennent d'être signées par les représentants de l'Allemagne, de l'Autriche-Hongrie, de la Belgique, du Danemark, de l'Espagne, de la France, de l'Italie, du Luxembourg, des Pays-Bas, du Portugal, de la Roumanie, de la Russie, de la Suède-Norvège et de la Suisse, ont pour titres : Convention pour régler les conflits des lois en matière de mariage ; Convention pour régler les conflits de lois et de juridictions en matière de divorce et de séparation de corps ; Convention pour régler les conflits de lois et de juridictions, relativement à la tutelle des mineurs.

Unions internationales, Bureaux internationaux permanents, Ententes en vue de la codification du droit international privé..... qu'est cela, sinon l'internationalisme, coulant dorénavant à pleins bords ?

Note II. — Texte des traités d'arbitrage récemment signés.

Le traité d'arbitrage permanent conclu le 14 octobre 1904 entre la France et la Grande-Bretagne a servi de type pour toutes conventions analogues signées depuis lors, sauf deux. En voici le texte :

« Art. 1er. — Les différends d'ordre juridique ou relatifs à l'interprétation des traités existant entre les deux Parties contractantes, qui viendraient à se produire entre elles et qui n'auraient pu être réglés par la voie diplomatique, seront soumis à la Cour permanente d'arbitrage, établie par la convention du 29 juillet 1899, à La Haye, à la condition toutefois qu'ils ne mettent en cause ni les intérêts vitaux, ni l'indépendance ou l'honneur des deux États contractants et qu'ils ne touchent pas aux intérêts des tierces puissances.

» Art. 2. — Dans chaque cas particulier, les Hautes Parties contractantes, avant de s'adresser à la Cour permanente d'arbitrage, signeront un compromis spécial, déterminant nettement l'objet du litige, l'étendue des pouvoirs des arbitres et les délais à observer, en ce qui concerne la constitution du tribunal arbitral et la procédure.

» Art. 3. — Le présent arrangement est conclu pour une durée de cinq années, à partir du jour de la signature. »

Le traité signé le 12 mars 1904 entre le Danemark et les Pays-Bas ne contient aucune restriction.

Celui signé le 15 novembre 1904 entre la Belgique et la Suisse porte la restriction relative à l'indépendance et à l'honneur des deux États, mais ne parle pas de leurs « intérêts vitaux ».

Note III. — Liste des traités d'arbitrage permanent conclus jusqu'à la fin de 1904.

Les renseignements ci-après, sur lesquels on trouvera plus de détails dans une *Histoire sommaire de l'arbitrage international permanent*, qui paraîtra incessamment, ont été contrôlés avec soin, sans qu'il soit possible, néanmoins, de les garantir également. Il y a doute, notamment, sur la plupart de ceux dont la date n'est indiquée que par son millésime.

On s'étonnera certainement que des vérifications soient nécessaires pour établir une liste de ce genre. La vérité est que l'état actuel de la question des traités d'arbitrage est fort difficile à déterminer avec une précision rigoureuse. Beaucoup de traités n'ont pas été publiés officiellement, ou l'ont été dans des recueils qu'il est fort malaisé de se procurer : on sait, par exemple, d'après les journaux, que tel d'entre eux a été conclu, mais on n'en possède pas le texte, et l'on ignore par conséquent s'il comporte, ou non, des restrictions. D'autres fois, il a pu arriver qu'un traité ait été conclu, mais non ratifié dans les délais voulus, et que ce dernier fait n'ait pas été porté à la connaissance du public.

Quoi qu'il en soit, j'ai lieu d'espérer que la liste déjà longue qui suit est à peu près exacte.

Elle comporte les observations suivantes.

On n'y a inscrit que les traités d'arbitrage permanent proprement dits, c'est-à-dire ceux par lesquels des Puissances se sont engagées à soumettre à l'arbitrage des différends éventuels de nature imprévue ; mais non les traités, bien plus nombreux encore, dans lesquels figure la « clause compromissoire spéciale », c'est-à-dire où les parties contractantes, ayant en vue une question déterminée, se sont engagées à soumettre à l'arbitrage les différends relatifs à l'exécution de cette convention particulière.

Certains traités, qui ont été conclus, non spécialement en vue d'instituer l'arbitrage, mais pour un autre objet quelconque, contiennent une clause arbitrale « générale », c'est-à-dire s'appliquant à tout différend éventuel. Ce sont donc de véritables traités d'arbitrage permanent, et on les a inscrits, comme tels, sur la liste ci-après. On les a distingués en en indiquant l'objet, au moyen de l'initiale de leur titre : A, traité d'amitié ; Al, — d'alliance ; C, — de commerce ; D, — de reconnaissance de dette ; E, — d'établissement ; Ex, — d'extradition ; N, — de navigation ; P, — de Paix ; U, — d'Union. Les parenthèses laissées vides indiquent un traité de ce genre dont on n'a pu vérifier l'objet.

On a inscrit entre crochets quelques traités qui posent, sinon l'obligation, du moins le principe du recours à l'arbitrage.

Les traités qui ne comportent aucune restriction, c'est-à-dire qui soumettent à l'arbitrage tous les différends, de quelque nature qu'ils soient (même ceux relatifs à l'honneur national, à l'indépendance ou aux intérêts vitaux), ont été inscrits en **caractères gras**.

Ceux non ratifiés ont été inscrits en *italiques*.

Quand deux dates sont indiquées à propos d'un traité, la seconde est celle de la ratification.

Notons encore que trois États, le Brésil, l'Équateur et le Venezuela, ont inscrit le principe de l'arbitrage international en tête de constitution.

Cela posé, voici la liste des traités d'arbitrage permanent qui ont été conclus de 1862 à 1904. Ils concernent 47 États, dont 20 européens, 19 américains, 4 asiatiques, 3 africains et 1 australien. Trois d'entre eux, depuis lors, ont perdu leur indépendance, Hawaï, l'Orange et le Transvaal.

1re PÉRIODE [1].

1822.   6 juill. **Colombie — Pérou.**
1829. 22 sept. [Colombie — Pérou.]
1842.   **Colombie — Venezuela** (.....).
1848.   2 févr. [États-Unis — Mexique (P)].
1856.   **Colombie — Equateur** (.....).
1858.   **Colombie — Pérou** (.....).
—   **Argentine — Bolivie** (.....).
1860.   **Equateur — Pérou** (... .).
1862.   4 oct.   **Belgique — Hawaï** (A C N).
—   19 déc.   **Danemark — Venezuela** (C N).
1863.   5 nov.   **Bolivie — Pérou** (P A).
1864. 20 juill. **Hawaï — Suisse** (A E C).
1865.   **Colombie — Costa-Rica** (.....).
1867.   **Bolivie — Chili — Equateur** (.....).
1868. 18 mai.   **Siam — Suède-Norvége** (A C N).
—   29 août. **Belgique — Siam** (A C).
1869. 17 mai.   **Autriche-Hongrie — Siam** (C).
1870.   **Colombie — Pérou** (.....).
—   19 juill. **Espagne — Uruguay** (P A).
1872. 17 févr.   **Costa-Rica — Guatémala — Hon-duras — Salvador** (U).
1874.   9 mars. **Argentine — Pérou** (.....).
—   **Belgique — Pérou** (.....).
1876.   3 févr. **Belgique — Transvaal** (A C E).
—   8 mai.   **Guatémala — Salvador** (A P).
—   **Bolivie — Pérou** (All).

1. Les traités du 22 septembre 1829, entre la Colombie et le Pérou, ainsi que du 2 février 1848, entre les États-Unis et le Mexique, ne sont pas, à proprement parler, des traités d'arbitrage, bien qu'il soit arrivé qu'on les ait considérés comme tels.

1878. 3 mars. **Honduras — Salvador** (A P).

1880. 3 sept. Chili — Colombie.

— 24 déc. **Colombie — Salvador** (1882).

1882. 20 mai. **Espagne — Venezuela** (C N).

— 3 juil. **St-Domingue — Salvador** (oct. 1883).

— 10 avril. **Colombie — Honduras** (1883).

— 8 nov. **Costa-Rica — Salvador** (A P C Ex).

1883. 7 fév. **Salvador — Uruguay**.

— 27 août. **Salvador — Venezuela** (A C N).

— 27 oct. Costa-Rica — Salvador.

— 30 oct. **Salvador — Suisse** (A E C).

— 17 nov. **Salvador — Nicaragua** (A C Ex).

— Paraguay — Uruguay (P A D).

— (Le principe de l'arbitrage international est inscrit dans la **Constitution de l'Equateur**.)

1884. 1er mars. **Belgique — Venezuela** (A C N).

1885. 12 sept. **Guatémala — Honduras — Salvador** (P A C).

— 6 nov. **Suisse — Transvaal** (A E C).

— 28 nov. **Costa-Rica — Salvador** (A C Ex).

1886. 19 janv. **Chili — Suisse**.

1887. 5 mars. **Belgique — Equateur** (A C N).

— 31 août. [États-Unis — Pérou (A C N)].

1888. 12 mai. **Equateur — France** (A C N). (*Non ratifié.*)

— 23 mai. **Espagne — Equateur** (P A).

— 22 juin. **Equateur — Suisse** (A E C).

— **Equateur — Mexique** (.....).

1889. 16 nov. **Congo — Suisse** (A E C).

1889. **Costa-Rica — Guatémala — Honduras — Nicaragua — Salvador** (U).

1890.   **Bolivie — Pérou** (All).

—   **Costa-Rica — Equateur** (.....).

1890.   5 nov.   Guatémala —Salvador (P).

1890. 28 avril. *Traité général d'arbitrage, dit Pan-Américain, ou de Washington, entre la Bolivie, le Brésil, les États-Unis, l'Equateur, le Guatémala, Haïti, le Honduras, le Salvador.* (Non ratifié.)

1891. 22 févr. (Le principe de l'arbitrage international est inscrit dans la **Constitution Brésilienne**.)

1892. 23 mai. Guatémala — Honduras — Nicaragua — Salvador.

1893. 24 avril. [Mexique — Salvador (C N)].

— 21 juin. (Le principe de l'arbitrage international est inscrit dans la **Constitution du Venezuela**).

1894.   5 juil. Pays-Bas — Portugal (C).

— 27 déc. **Belgique — Orange** (A E C).

— 28 avril. Colombie — Espagne (P A).

— 14 août. Belgique — Pérou (.....).

— 19 nov. Espagne – Honduras (P A).

— 20 oct. **Honduras — Nicaragua** (P A C N Ex).

1895. 19 janv. **Honduras — Salvador** (.....).

—   2 mars. **Guatémala — Honduras** (.....).

— 12 juin. **Costa-Rica — Salvador** (A P).

— 20 juin. **Honduras — Nicaragua — Salvador** (U).

1896. 21 nov. **Colombie — Venezuela** (P A All).

—   — **Bolivie — Brésil** (.....).

— 12 janv. *États-Unis — Grande-Bretagne.* (Non ratifié par le Sénat américain.)

1897. 14 août. Espagne — Pérou.

1898. 23 juil. *Argentine — Italie.* (Non ratifié.)

1899. 29 juill. (Convention de La Haye, instituant la Cour permanente d'arbitrage de La Haye, et conclue entre l'Allemagne, l'Autriche-Hongrie, la Belgique, la Bulgarie, la Chine, le Danemark, l'Espagne, les États-Unis, la France, la Grande-Bretagne, la Grèce, l'Italie, le Japon, le Luxembourg, le Mexique, le Monténégro, les Pays-Bas, la Perse, le Portugal, la Roumanie, la Russie, la Serbie, le Siam, la Suède-Norvège, la Suisse, la Turquie ; non encore ratifiée par ce dernier pays.)

— 8 juin. Argentine — Uruguay.

— 6 nov. Argentine — Paraguay.

1901. avril. (Constitution de la Cour permanente d'arbitrage de La Haye.)

— 21 sept. Bolivie — Pérou.

1902. mai. Mexique — Perse.

— 28 mai. **Argentine — Chili** (30 juil.). (Traité général d'arbitrage, avec engagement de réduire les dépenses maritimes.)

— 29 janv. Nouveau traité dit « Pan-Américain », ou de Mexico : Argentine—Bolivie—Guatémala — Mexique — Paraguay — Pérou — Saint-Domingue — Salvador — Uruguay (28 mai, 25 août 1902 ; 31 janv. 1903).

1902. janv. Costa-Rica — Honduras — Nicaragua — Salvador. (Traité instituant un tribunal arbitral entre ces États.)

1902. 11 janv. Espagne — Guatémala.
— 11 janv. Espagne — Mexique.
— 28 janv. Espagne d'une part, et, d'autre part : Argentine, Bolivie, Colombie, Paraguay, Salvador, Saint-Domingue, Uruguay.

2e PÉRIODE.

1903. 14 oct. France — Grande-Bretagne.
— 25 déc. France — Italie.
1904. 5 fév. Grande-Bretagne — Italie.
— 26 — Espagne — France.
— 27 — Espagne — Grande-Bretagne.
— 12 mars. **Danemark — Pays-Bas.**
— 6 avr. France — Pays-Bas.
— 31 mai. Espagne — Portugal.
— 9 juil. France — Suède-Norvège.
1904. 11 juil. Allemagne — Grande-Bretagne.
— 11 août. Grande-Bretagne — Suède-Norvège.
— 30 oct. Belgique — Russie.
— 1er nov. États-Unis — France.
— 15 — Belgique — Suisse.
— 16 — Grande-Bretagne — Portugal.
— 16 — Grande-Bretagne — Suisse.
— 21 — États-Unis — Suisse.
— 22 — Allemagne — États-Unis.
— 23 — Italie — Suisse.
— 23 — États-Unis — Portugal.
— 30 — Belgique — Suède-Norvège.
— 3 déc. Autriche-Hongrie — Suisse.
— 12 — États-Unis — Grande-Bretagne.
— 14 — France — Suisse.
— 14 — États-Unis — Italie.

1904. 17 — Suède-Norvège — Suisse.

—   —   États-Unis — Suède-Norvège.

— 31   —   Espagne — États-Unis.

En outre, les journaux indiquaient encore, comme étant en négociation à la fin de décembre, les traités suivants :

Allemagne — Suisse.

Argentine — Brésil.

Autriche-Hongrie — États-Unis.

Autriche-Hongrie — France.

Autriche-Hongrie — Grande-Bretagne (signé le 11 janvier 1905).

Autriche-Hongrie — Italie.

Brésil — Chili.

États-Unis — Belgique.

États-Unis — Danemark.

États-Unis — Japon.

États-Unis — Russie.

Congo — Italie.

Italie — Pérou.

Russie — Suède-Norvège.

Les traités signés par les États-Unis se heurtent encore à la difficulté constitutionnelle qui a déjà fait échouer celui de 1897 : le Sénat, appelé à les ratifier, prétend les amender de manière à réserver son droit de ratification pour chaque cas particulier de recours à l'arbitrage (janvier 1905).

Note IV. — Extraits du Message du Conseil fédéral suisse à l'Assemblée fédérale, en date du 19 décembre 1904.

En soumettant à la ratification de l'Assemblée fédérale les traités d'arbitrage permanent conclus avec la Belgique, la Grande-Bretagne, les États-Unis, l'Italie, l'Autriche-Hongrie, la France et la Suède-Norvège, le Conseil fédéral lui adressait, le 19 décembre 1904, un message dont il est intéressant de reproduire quelques considérations générales :

« … Nous ne voulons pas rappeler ici toutes ces manifestations et tout ce qui s'est fait dans ce domaine de l'arbitrage depuis l'époque (1883) où le Conseil fédéral a pris l'initiative d'une proposition d'arbitrage à la République des États-Unis. Cela nous conduirait trop loin.

» Nous nous bornerons à constater que ce mouvement pacifique vers l'arbitrage, malgré les rivalités et les défiances qui peuvent encore subsister, malgré les guerres qui se succèdent sur divers points du globe, s'accuse de plus en plus d'une façon significative par des conventions d'arbitrage, par des clauses compromissoires, dont le nombre ne cesse de s'accroître. Ce mouvement n'est point un phénomène superficiel et passager, comme plusieurs le pensent, un phénomène accidentel destiné à disparaître, mais il est au contraire une manifestation éclairée et qui ira toujours en grandissant de la conscience juridique des peuples ; et l'on peut sans témérité prévoir qu'il pénètrera de plus en plus dans le droit international et qu'il finira, avec le temps, par s'imposer à tous.

» Il faut sans doute prévoir dans la réalisation de ce progrès bien des étapes, et ne pas croire que la paix universelle est déjà faite et que la question du désarmement est déjà résolue. Ce sont là des illusions trop optimistes, dont il faut se garder. Et en attendant que l'avenir ait résolu le problème de la paix non armée, nous ferons bien dans le présent de maintenir aussi forte que possible notre organisation militaire pour faire respecter, s'il venait à être méconnu, le droit le plus sacré d'un peuple, celui d'exister et de vivre dans une sécurité aussi complète que possible et dans la plénitude de son indépendance. Il faut donc considérer plutôt les mutuelles assurances que se donnent actuellement les divers États de leur désir de conciliation et de paix comme marquant une nouvelle étape dans l'évolution progressive des peuples vers la paix et vers les institutions qui doivent la consolider.

» Cette évolution se poursuivra, non pas en une course folle, mais par des réformes successives dans le droit des gens, et en nous rapprochant toujours plus de ce but idéal où la politique internationale reposera sur la volonté calme et réfléchie des nations conscientes d'elles-mêmes et sur le respect du droit.

» Le respect du droit deviendra toujours plus la règle de la vie internationale et des rapports internationaux, comme il est déjà la règle sur laquelle repose la vie intérieure de chaque nation civilisée ; et, parallèlement à cette marche ascendante du droit, nous verrons se développer pour son fonctionnement des institutions nouvelles, des instruments nouveaux dans l'organisation internationale. Que seront ces institutions nouvelles, ces instruments nouveaux ? Quelles transformations subira notre organisation internationale encore si imparfaite ? Nous ne voulons pas nous perdre à cet égard dans des conjectures, mais nous borner à constater que, parmi ces instruments nouveaux, nous voyons se développer aujourd'hui celui de l'arbitrage international, qui prend une rapide extension, qui tend à s'organiser sur une base plus stable et qui, par la consécration que lui donnent aujourd'hui tous les États en signant des traités d'arbitrage, est appelé à jouer un rôle considérable dans les rapports futurs des nations et à améliorer puissamment leur état juridique.

» L'arbitrage n'est plus seulement le postulat de quelques penseurs, philosophes ou hommes d'État isolées; il est devenu celui de l'opinion publique dans le monde entier. L'opinion publique, avec les instruments d'action et de force dont elle dispose à notre époque, la presse et l'association, s'oriente de plus en plus vers l'arbitrage, vers la collaboration pacifique des États pour créer à côté des instruments de guerre des instruments de pacification et de justice internationale. On se rend compte de plus en plus que les nations doivent chercher la satisfaction de leurs revendications autrement que par les solutions brutales et aléatoires de la force; que la force ne résoud pas les difficultés, mais ne fait que les envenimer, les perpétuer et engendrer de nouveaux périls et de nouvelles luttes; que rien d'ailleurs n'est plus fragile que cette puissance de la force ; et que ceux qui se flattent aujourd'hui d'être les plus forts se trouvent être demain les plus faibles, et doivent subir à leur tour les humiliations de la défaite. On a de plus en plus horreur de la guerre, des maux incalculables qu'elle occasionne et qui, dans l'état de solidarité et de pénétration réciproque créé entre les États par le développement des moyens de communication, par la facilité des échanges, par les relations commerciales et industrielles, ont leur répercussion dangereuse sur la sécurité et le bien-être des nations et sur l'équilibre du monde. On s'inquiète de plus en plus de l'accroissement indéfini des charges militaires et, en présence des armements qui rendent si redoutables les périls de la guerre moderne, on s'efforce de plus en plus de conjurer la menace de tous les conflits en introduisant dans les relations des peuples le procédé de l'arbitrage. Nous assistons ainsi à ce phénomène caractéristique et contradictoire de notre époque, c'est qu'à mesure qu'augmentent les dépenses militaires et les préparatifs de guerre, nous voyons parallèlement s'affirmer le besoin de travailler au maintien de la paix et de développer les institutions qui doivent contribuer à la maintenir. Ce même phénomène s'observe aussi dans le langage que tiennent les chefs d'État en proclamant les uns après les autres que le développement continu et si intense des forces militaires n'a d'autre but que le maintien et la garantie de la paix. Cette situation peut encore persister longtemps, ne nous faisons pas d'illusion à cet égard. Mais le moment arrivera sans doute où, de ces deux tendances opposées, l'une l'emportera sur l'autre, et où l'on examinera la question de la réduction graduelle de l'appareil de la guerre, déjà posée à la Conférence de La Haye par les délégués de la Russie et de la France, et la constitution d'une organisation internationale qui permettra d'éliminer autant que possible les retours offensifs de la force et les solutions par les armes, et qui viendra garantir mieux qu'aujourd'hui les intérêts pacifiques des nations et les solutions bienfaisantes de l'arbitrage.

» En attendant, nous ne pouvons mieux faire que de travailler à l'extension de l'arbitrage, car ces traités d'arbitrage en se multipliant, même avec les réserves dont ils sont entourés, formeront avec les années un puissant réseau protecteur de la paix, qui enchaînera les États à la politique de l'arbitrage, et qui constituera la meilleure armature de la paix... »

Et, après avoir exprimé le regret de ce que le Conseil fédéral n'ait encore pu faire accepter des Puissances une formule plus parfaite que celle du traité franco-anglais, le message conclut en ces termes :

» Ne soyons donc pas trop exigeants ni trop impatients

à l'égard de ces premiers essais, et acceptons-les comme un premier pas timide dans une voie nouvelle et comme le progrès qui peut être actuellement atteint au sein des États civilisés. Le temps et l'expérience viendront bien vite corriger les imperfections de ces traités et en combler les lacunes. Avec les cas d'arbitrage de plus en plus nombreux qui ne manqueront pas d'être portés devant le Tribunal international de La Haye, nous verrons le droit international en matière d'arbitrage se développer, se codifier, étendre sa sphère d'application, et l'arbitrage devenir un instrument de précision pour la solution normale et régulière des litiges internationaux.

» Les manifestations significatives auxquelles nous assistons actuellement en faveur de l'arbitrage international et les résultats pratiques déjà obtenus autorisent toutes les espérances.

» Nous vous demandons en conséquence de bien vouloir accorder votre ratification aux traités d'arbitrage conclus avec la Belgique, la Grande-Bretagne, les États-Unis d'Amérique, l'Italie, l'Autriche-Hongrie, la France et la Suède et Norvège. »

Heureux le peuple qui sait se donner des représentants capables de parler en son nom un si noble langage ![1]

1. L'auteur de ce document est M. Robert Comtesse, qui était, en 1904, président de la Confédération.

Note V. — Texte de la Convention franco-italienne du 15 avril 1904, sur la législation ouvrière.

CONVENTION.

Le président de la République française et Sa Majesté le roi d'Italie désirant, par des accords internationaux, assurer à la personne du travailleur des garanties de réciprocité analogues à celles que les traités de commerce ont prévues pour les produits du travail et particulièrement : 1° faciliter à leurs nationaux travaillant à l'étranger la jouissance de leurs épargnes et leur ménager le bénéfice des assurances sociales ; 2° garantir aux travailleurs le maintien des mesures de protection déjà édictées en leur faveur et concourir au progrès de la législation ouvrière, ont résolu de conclure à cet effet une convention et ont nommé pour leurs plénipotentiaires :

Le président de la République française : S. Ex. M. Camille Barrère, ambassadeur de France près Sa Majesté le roi d'Italie ; M. Arthur Fontaine, directeur du travail au ministère du commerce de France.

Sa Majesté le roi d'Italie : S. Ex. M. Tommaso Tittoni, son ministre des affaires étrangères ; S. Ex. M. Luigi Luzzatti, son ministre du Trésor ; S. Ex. M. Luigi Rava, son ministre de l'agriculture, de l'industrie et du commerce ; S. Ex. M. le comte Enrico Stelluti Scala, son ministre des postes et télégraphes ;

Lesquels, après avoir échangé leurs pleins pouvoirs,

trouvés en bonne et due forme, sont convenus des articles suivants :

Article 1er.

Des négociations seront engagées à Paris après la ratification de la présente convention, pour la conclusion d'arrangements fondés sur les principes énoncés ci-après et destinés à régler le détail de leur application — exception faite pour l'arrangement relatif à la caisse nationale d'épargne de France et à la caisse d'épargne postale d'Italie, prévu sous le paragraphe A) ci-dessous, qui sera annexé à la convention.

a) Les fonds versés à titre d'épargne, soit à la caisse nationale d'épargne de France, soit à la caisse d'épargne postale d'Italie, pourront, sur la demande des intéressés, être transférés sans frais de l'une des caisses à l'autre, chacune de ces caisses appliquant aux dépôts ainsi transférés les règles générales qu'elle applique aux dépôts effectués chez elle par les nationaux.

Un régime de transfert, sur des bases analogues, pourra être institué entre diverses caisses d'épargne privées de France et d'Italie, ayant leur siège dans de grandes agglomérations industrielles ou dans des villes frontières. Sans comporter la gratuité absolue des transferts, ce régime stipulera le concours des administrations postales, soit gratuit, soit à tarif réduit.

b) Les deux gouvernements faciliteront, par l'entremise tant des administrations postales que des caisses nationales, le versement des cotisations des Italiens résidant en France à la Caisse nationale de prévoyance d'Italie et des Français résidant en Italie à la Caisse nationale des retraites de France. Ils faciliteront, de même, le paiement en France des pensions acquises, soit par des Italiens, soit par des Français, à la Caisse nationale italienne et réciproquement.

c) L'admission des ouvriers et employés de nationalité italienne à la constitution de retraites de vieillesse et peut-être d'invalidité, dans le régime général des retraites ouvrières actuellement élaboré par le Parlement français, ainsi que la participation des ouvriers et employés de nationalité française au régime des retraites ouvrières en Italie, seront réglées aussitôt après le vote de dispositions législatives dans les pays contractants.

La part de pension correspondant aux versements de l'ouvrier ou employé, ou aux retenues faites sur son salaire lui sera acquise intégralement.

En ce qui concerne la part de pension correspondant aux contributions patronales, il sera statué par l'arrangement, dans des conditions de réciprocité.

La part de pension à provenir éventuellement de subventions budgétaires sera laissée à l'appréciation de chaque État et payée sur les ressources à ses nationaux ayant acquis une retraite dans l'autre pays.

Les deux États contractants faciliteront par l'entremise tant des administrations postales que de leurs caisses de retraite, le payement en Italie des pensions acquises en France et réciproquement.

Les deux gouvernements étudieront, pour les ouvriers et employés ayant travaillé successivement dans les deux pays pendant des périodes minima à déterminer, sans remplir dans aucun des deux les conditions requises pour les retraites ouvrières, un régime spécial d'acquisition de retraite.

d) Les ouvriers et employés de nationalité italienne, victimes en France d'accidents par le fait ou à l'occasion du travail ainsi que leurs représentants résidant en France, auront droit aux mêmes indemnités que les Français et réciproquement.

Les Italiens bénéficiaires de rentes cessant de résider en France, ainsi que les représentants de la victime qui ne résideraient pas en France au moment de l'accident, auront droit à des indemnités à déterminer. Les capitaux constitutifs de ces indemnités, évalués d'après un tarif annexé à l'arrangement, pourront être versés à la caisse nationale italienne de prévoyance, à charge par elle d'assurer le service des rentes. La Caisse nationale italienne d'assurance contre les accidents du travail acceptera également, suivant tarif conventionnel, pour le risque d'indemnité aux représentants ne résidant pas en France des ouvriers italiens victimes d'accidents, les réassurances des assureurs français désireux de se décharger éventuellement de toutes recherches et démarches à cet égard. Des avantages équivalents seront réservés, par réciprocité, pour les Français victimes d'accidents du travail en Italie.

e) L'admission des ouvriers et employés italiens, en France, à des institutions d'assurances ou de secours contre le chômage subventionnées par les pouvoirs publics, l'admission des ouvriers et employés français, en Italie, aux institutions de même nature, seront réglées, le cas échéant, après le vote dans les deux pays de dispositions légales relatives à ces institutions.

f) Les arrangements prévus au présent article seront conclus pour une durée de cinq années. Les deux parties contractantes devront se prévenir mutuellement une année à l'avance, si leur intention est d'y mettre fin à l'expiration de ce terme. A défaut d'un tel avis, l'arrangement sera prorogé d'année en année, pour un délai d'un an, par tacite reconduction.

Article 2.

a) Les deux gouvernements détermineront, pour éviter les erreurs ou les fausses déclarations, la nature des pièces à présenter aux consulats italiens par les jeunes Italiens embauchés en France, ainsi que la forme des certificats à fournir aux mairies par lesdits consulats avant la délivrance aux enfants des livrets prescrits par la législation sur le travail des enfants. Les inspecteurs du travail se feront représenter les certificats à chaque visite ; ils retireront les livrets indûment détenus.

b) Le gouvernement français organisera des comités de patronage comprenant, autant que possible, des Italiens parmi leurs membres, pour les régions industrielles où seront employés en grand nombre de jeunes Italiens logés en dehors de leurs familles par des intermédiaires.

c) Les mêmes mesures seront prises pour la protection des jeunes ouvriers français en Italie.

Article 3.

Au cas où l'initiative serait prise par l'un des deux États contractants ou par un des États avec qui ils entretiennent des relations diplomatiques, de convoquer divers gouvernements à une conférence internationale dans le but d'unifier, par des conventions, certaines dispositions des lois protectrices des travailleurs, l'adhésion de l'un des deux gouvernements au projet de conférence, entraînerait, de la part de l'autre gouvernement, une réponse favorable en principe.

Article 4.

Au moment de signer cet accord, le gouvernement italien prend l'engagement de compléter l'organisation dans tout le royaume et particulièrement dans les régions où le travail industriel est développé, d'un service d'inspection fonctionnant sous l'autorité de l'Etat et offrant, pour l'application des lois, des garanties analogues à celles que présente le service de l'inspection du travail en France.

Les inspecteurs feront observer les lois en vigueur sur le travail des femmes et des enfants, et notamment les prescriptions qui concernent : 1º l'interdiction du travail de nuit ; 2º l'âge d'admission au travail dans les ateliers industriels ; 3º la durée du travail journalier ; 4º l'obligation du repos hebdomadaire.

Le gouvernement italien s'engage à publier un rapport annuel détaillé sur l'application des lois et règlements relatifs au travail des femmes et des enfants.

Le gouvernement français prend le même engagement.

Le gouvernement italien déclare en outre qu'il a l'intention de mettre à l'étude et de réaliser graduellement la réduction progressive de la durée du travail journalier des femmes dans l'industrie.

Article 5.

Chacune des deux parties contractantes se réserve la faculté de dénoncer à toute époque la présente convention et les arrangements prévus à l'article 1er, en faisant connaître son intention un an d'avance, s'il y a lieu de reconnaître que la législation relative au travail des femmes et des enfants n'a pas été respectée par l'autre partie, sur les points énoncés spécialement à l'article 4 alinéa 2, faute d'une inspection suffisante, ou par suite de tolérances contraires à l'esprit de la loi, ou que le législateur aura diminué sur les mêmes points la protection édictée en faveur des travailleurs.

Article 6.

La présente convention sera ratifiée et les ratifications seront échangées à Rome aussitôt que possible.

En foi de quoi, les plénipotentiaires ont signé la présente convention et y ont apposé leurs cachets.

ARRANGEMENT SUR LES CAISSES D'ÉPARGNE.

L'arrangement relatif aux caisses d'épargne des deux pays dont il est fait mention dans la convention qui précède est ainsi conçu :

Le gouvernement de la République française et le gouvernement de S. M. le roi d'Italie, désirant assurer des facilités nouvelles aux déposants à la Caisse nationale d'épargne de France et à la Caisse d'épargne postale d'Italie, sont convenus de ce qui suit :

Article 1er.

Les fonds versés à titre d'épargne, soit à la Caisse nationale d'épargne de France, soit à la Caisse d'épargne postale d'Italie pourront, sur la demande des intéressés et jusqu'à concurrence d'un maximum de 1.500 fr., être transférés, sans frais, de l'une des Caisses dans l'autre, et réciproquement.

Les demandes de transferts internationaux seront reçues, en France et en Italie dans tous les bureaux de poste chargés, dans ces pays, du service de la Caisse d'épargne.

Les fonds transférés seront, notamment en ce qui concerne le taux et le calcul des intérêts, les conditions de remboursement, d'achat et de revente de rentes ou d'acquisition de carnets de rentes viagères soumis aux lois, décrets, arrêtés et règlements régissant le service de l'Administration dans la Caisse de laquelle ces fonds auront été transférés.

Article 2.

Les titulaires de livrets de la Caisse nationale d'épargne de France ou de la Caisse d'épargne nationale d'Italie pourront obtenir, sans frais, le remboursement, dans l'un de ces pays, des sommes déposées par eux à la Caisse d'épargne de l'autre pays.

Les demandes de remboursement internationaux, rédigées sur des formules spéciales mises à la disposition du public, seront déposées par les intéressés entre les mains du chef de bureau ou du receveur des postes de leur résidence, qui les fera parvenir, en franchise de port, à la Caisse nationale détentrice des fonds.

Les remboursements seront effectués en vertu d'ordres de payements qui ne pourront excéder 1.500 fr. chacun.

Les ordres de remboursements seront payables seulement dans les établissements de poste ou autres chargés du service de la Caisse d'épargne. Ils seront adressés, directement et en franchise de port, par la Caisse d'épargne qui les aura délivrés, aux bureaux désignés pour le payement.

Article 3.

Chaque administration se réserve le droit de rejeter les demandes de transferts ou de remboursements internationaux qui ne rempliraient pas les conditions exigées par des règlements intérieurs.

Article 4.

Les sommes transférées d'une caisse dans l'autre porteront intérêts à charge de l'administration primitivement détentrice des fonds jusqu'à la fin du mois pendant lequel cette demande s'est produite, et à charge de l'administration qui accepte le transfert, du 1er jour du mois suivant.

Article 5.

Il sera établi, à la fin de chaque mois, par la Caisse nationale d'épargne de France et la Caisse d'épargne postale d'Italie, un décompte des sommes qu'elles se doivent respectivement du chef des opérations faites pour le service de la Caisse d'épargne et, après vérification contradictoire de ces décomptes, la caisse reconnue débitrice se libérera dans le plus bref délai possible, envers l'autre caisse au moyen de traites ou chèques sur Rome ou sur Paris.

Article 6.

La caisse d'épargne de chacun des pays contractants pourra correspondre directement et en franchise, par la voie postale, avec la caisse de l'autre pays.

Article 7.

Les bureaux de poste des deux pays se prêteront réciproquement concours pour le retrait de livrets à régler ou à vérifier.

L'échange des livrets entre la caisse d'épargne de chaque pays et les bureaux de poste ou agences de l'autre pays aura lieu en franchise.

Article 8.

La Caisse nationale d'épargne de France et la Caisse d'épargne postale d'Italie arrêteront d'un commun accord, après entente avec les administrations des postes des deux pays, les mesures de détail et d'ordre nécessaires pour l'exécution du présent arrangement, y compris celles relatives au change.

Article 9.

Chaque partie contractante se réserve la faculté, dans le cas de force majeure ou de circonstances graves, de suspendre en tout ou en partie, les effets de la présente convention.

Avis devra en être donné à l'administration correspondante par la voie diplomatique.

L'avis fixera la date à partir de laquelle le service international cessera de fonctionner.

Article 10.

Le présent arrangement aura force et valeur à partir du jour dont les caisses d'épargne des deux pays contractants conviendront dès que la promulgation en aura été faite d'après les lois particulières à chacun des deux États.

Sauf le cas prévu à l'article 5 de la convention, en date de ce même jour, il demeurera obligatoire pendant une durée de cinq années. Les deux parties contractantes devront se prévenir mutuellement, une année à l'avance, s leur intention est d'y mettre fin à l'expiration de ce terme.

A défaut d'un tel avis il sera prorogé d'année en année pour un délai d'un an par tacite reconduction.

Lorsque l'une des deux parties contractantes aura annoncé à l'autre son intention d'en faire cesser les effets, l'arrangement continuera d'avoir son exécution pleine et entière pendant les douze derniers mois sans préjudice de la liquidation et du solde des comptes entre les caisses d'épargne des deux pays après l'expiration dudit terme.

Protocole.

Au moment de procéder à la signature de la convention en date de ce jour, les plénipotentiaires soussignés, se référant à l'article 5 de cette convention, ont d'un commun accord déclaré ce qui suit :

La loi française sur le travail des enfants et des femmes visée par l'article 5 de la convention est celle du 2 novembre 1892, modifiée par l'article premier de la loi du 30 mars 1900.

Toutefois, il est entendu que, éventuellement, les modifications à ladite loi déjà votée par le Sénat français à la date du 24 mars 1904, dans la mesure où elles prendraient force légale par le vote des deux Chambres, se substitueraient aux dispositions actuellement en vigueur pour l'appréciation prévue à l'article 5 de ladite convention.

La loi italienne sur le travail des enfants et des femmes visée par l'article 5 de la convention est celle du 29 juin 1902. Il sera tenu compte pour les appréciations prévues audit article 5, en France, des avis de la Commission supérieure du travail dans l'industrie, établi par la loi du 2 novembre 1902, et du Conseil supérieur du travail ; en Italie, de l'avis du Conseil supérieur du travail, organisé par la loi du 29 juin 1902.

Note VI. — Sur la première publication de cette étude, et sur l'accueil qui lui fut fait. — L'opinion en Italie.

Cette étude a été écrite en mai 1904, et devait paraître sous forme de brochure, après que la substance en aurait été publiée dans la *Revue*.

Mais, au moment d'effectuer cette première publication, qui eut lieu dans la livraison du 15 juin, on engagea l'auteur à garder provisoirement l'anonyme. Tels sont encore, en effet, les préjugés courants, que la signature d'un pacifiste militant aurait détourné certains lecteurs de faire le petit effort nécessaire pour examiner impartialement les idées qui leur étaient soumises.

Autant qu'il a été possible d'être renseigné à cet égard, l'article de la Revue a été bien accueilli.

A la vérité, la *Croix,* fidèle à une vieille habitude, a libéralement décerné à l'auteur le tribut d'injures dont la privation eût été pour lui inquiétante et cruelle. Mais il a vu ses propositions citées et favorablement appréciées par un grand nombre d'organes au sens plus rassis : notamment, en ce qui concerne la France, par le *Matin,* le *Siècle,* le *Paysan,* la *Cocarde,* la *Revue diplomatique,* la *Nouvelle Revue Internationale,* la *Charente,* les *Pyrénées* (Tarbes), le *Libéral de l'Est* (Nancy), le *Petit Niçois,* la *Correspondance Havas* et la plupart des journaux qui insèrent les communiqués de cette agence. De grands journaux étrangers, tels que le *Times,* le *Manchester Guardian,* l'*Indépendance Belge,* le *Jornal de Noticias* (de Porto), plusieurs organes suisses, manifestèrent le même intérêt. En Italie, le *Messagero* (de Rome) et la *Revue d'Italie,* le *Giorno* (de Naples) avec deux grands articles, le *Resto del Carlino* (de Bologne) avec deux articles également, la *Gazzetta Livornese,* la *Sentinella delle Alpi* (de Coni), et quantité d'autres manifestèrent une franche approbation, et semblaient devoir entamer une action énergique en faveur du désarmement des Alpes. En dernier lieu, l'agence télégraphique l'*Information* recevait de Rome la dépêche suivante, du 24 août :

« On constate de sérieuses tendances à provoquer de la part du gouvernement un désarmement progressif des Alpes, si la France paraissait disposée à entrer dans cette voie. Plusieurs députés influents ont fait remarquer au président du Conseil et au ministre de la Guerre que les troupes alpines, l'artillerie alpine et toute cette organisation militaire spéciale ne pourraient être utilisées qu'en cas de conflit dans les Alpes. Une entente sincère étant établie entre les deux pays latins, ces députés estiment que l'armement intensif des Alpes est devenu ridicule et coûteux. Plusieurs questions, dans ce sens, seront posées au Parlement, pour peu qu'un mouvement identique soit suscité en France par des parlementaires désireux d'introduire de grandes économies dans les budgets de la guerre, qui écrasent aussi bien les contribuables français que les contribuables italiens. »

Mais la campagne si bien commencée fut brusquement interrompue, à la suite d'un de ces épisodes malencontreux par lesquels le régime de la paix armée décourage souvent les initiatives qui permettaient le plus d'espoir, l'arrestation, en Sicile, d'un officier inculpé d'espionnage.

Il convient de souligner, comme caractéristique, l'entière approbation donnée par des journaux publiés dans des villes frontières, comme Nice, Nancy, Coni. On pouvait s'attendre en effet à rencontrer là, comme il a été indiqué à la page 35 de cette brochure, une opposition d'autant plus générale et énergique, que les mesures proposées s'y heurtent à des intérêts locaux immédiats. Les articles de ces journaux prouvent au contraire que, même dans des villes qui tirent actuellement un important revenu de leurs garnisons renforcées, on se rend compte, non seulement qu'un intérêt particulier doit s'effacer devant l'intérêt général du pays, mais aussi que cet intérêt particulier lui-même serait sauvegardé, le bénéfice du nouvel état de choses à instaurer devant dépasser de beaucoup les pertes résultant de la suppression de certaines garnisons.

Il faut mentionner encore, pour être complet, un courant d'idées qui s'est fait jour à cette occasion dans la presse italienne.

On sait que, par suite de son entrée dans la Triple Alliance, l'Italie a porté tout son effort défensif sur sa frontière occidentale, en laissant complètement dégarnis ses confins du côté de l'Autriche. Cette dernière puissance, au contraire, redoutant toujours quelque crise d'irrédentisme, n'a cessé de fortifier et d'occuper solidement le Trentin. Cela étant, divers organes italiens, et notamment la *Revue d'Italie,* ont émis l'opinion que le désarmement des Alpes Maritimes et Grées devrait être, pour leur pays, l'occasion d'un renforcement de sa frontière orientale, de sorte que la mesure préconisée se réduirait, chez nos voisins, à un simple déplacement de forces.

Ce n'est assurément pas là ce que je propose.

Mais, même ainsi, les avantages résultant du désarmement des Alpes Occidentales seraient considérables, car :

1° Du côté français, la réduction des charges militaires serait effective et très notable ;

2° Quant aux Italiens, s'ils préféraient ne pas bénéficier de pareille réduction, ils réaliseraient au moins une répartition de leurs forces répondant mieux à leurs préoccupations et à leur besoin de sécurité ;

3° Deux Puissances, appartenant, l'une à la Triple Alliance, et l'autre au groupe rival, ayant montré qu'elles n'ont réellement rien à craindre l'une de l'autre, il serait bien prouvé que les deux alliances sont réellement pacifiques, ce que chacune dit d'elle-même, et conteste de sa voisine. La voie serait donc ouverte à un rapprochement de ces deux groupes de Puissances.

Il est vrai que le renforcement de la frontière orientale

de l'Italie serait une cause de frottement entre ce pays et l'Autriche. Mais il ne créerait pas un danger de guerre : les deux gouvernements ont eu déjà l'occasion de manifester clairement qu'ils ne sont pas disposés à se lancer dans une politique d'aventures à la suite des deux turbulentes minorités d'irredentistes et de pangermanistes. Et, au besoin, leur alliée l'Allemagne saurait les empêcher de pousser les choses à l'extrême. Qui sait même si la conséquence d'une mesure par laquelle l'Italie n'aurait fait qu'imiter l'Autriche, ne serait pas de déterminer un désarmement de la frontière des deux nations alliées, assurément au moins aussi naturel que celui de la frontière commune à deux nations « amies » ?

En réalité, c'est ce dernier résultat qui serait à prévoir. Car on ne manquerait pas d'entreprendre, de part et d'autre, une agitation énergique en vue de son obtention.

Mais, en mettant les choses au pis, c'est-à-dire en supposant que, pour un certain nombre d'années, les troupes italiennes en Vénétie restent renforcées, il n'y aurait pas, pour ce pays, aggravation de ses charges militaires, mais simple déplacement. Tout au plus s'ensuivrait-il un relâchement de la Triple Alliance, ou plutôt une accélération de ce relâchement, qui est inévitable ; car les alliances militaires sont fatalement appelées à perdre leur caractère exclusif et menaçant, et à se fondre peu à peu en une association plus vaste et plus élevée, la Fédération générale.

Ce n'est point là, estimera-t-on certainement, une considération de nature à arrêter le gouvernement français. Car, à examiner les choses de près, et du point de vue de la vieille diplomatie, de la politique des alliances et des contrepoids, la situation actuelle est la suivante :

Nos troupes alpines sont devenues inutiles. Leur rôle se borne désormais à immobiliser en face d'elles d'autres troupes, que l'Italie serait évidemment enchantée de pouvoir supprimer, ou porter en Vénétie ; il consiste donc, en dernière analyse, à couvrir indirectement la frontière de l'Autriche contre sa propre alliée, devenue notre amie, *à maintenir la solidité de cette Triple Alliance qui fut jadis conclue contre nous !*

Que les Pacifistes, de part et d'autre, entreprennent donc la campagne à laquelle je les convie, en faveur du désarmement des Alpes.

En France, ils peuvent dire, sans crainte d'être démentis par l'événement : « Supprimons, pour commencer, une partie de nos alpins. Les Italiens, s'ils n'en font autant, dégarniront au moins leur frontière de quelques troupes, qu'ils reporteront en face de l'Autriche ; et, à notre point de vue particulier, le bénéfice sera plus grand encore, dans ce cas, que s'ils nous avaient simplement imités. »

Quant aux Italiens, ils sont trop avisés en politique pour ne pas comprendre que, s'ils prenaient l'initiative de dégarnir leur frontière occidentale, soit par la suppression, soit par le déplacement d'une partie de leurs troupes alpines, la démocratie française se réjouirait de trouver dans ce fait un motif concret d'exiger, à son tour, une réduction de ses armements.

Donc, à l'œuvre pour le désarmement des Alpes !

———

LÉGENDE DES GRAPHIQUES

Sur les graphiques qui suivent, les traités d'arbitrage qui ne comportent aucune restriction sont indiqués par un trait renforcé.

Les traités qui, d'après les journaux, étaient en voie de négociation à la date du 31 décembre 1904, sont indiqués en pointillé.

Les pays qui ont été invités à la Conférence de La Haye de 1899, et ont signé les Convention et Déclaration du 29 juillet 1899, sont désignés par un double cercle.

Ceux qui ont inscrit dans leur Constitution le principe de l'arbitrage international, sont désignés par une étoile.

TABLE DES MATIÈRES

APPENDICE

GRAPHIQUES

Châteauroux. — Imp. A. MELLOTTÉE.

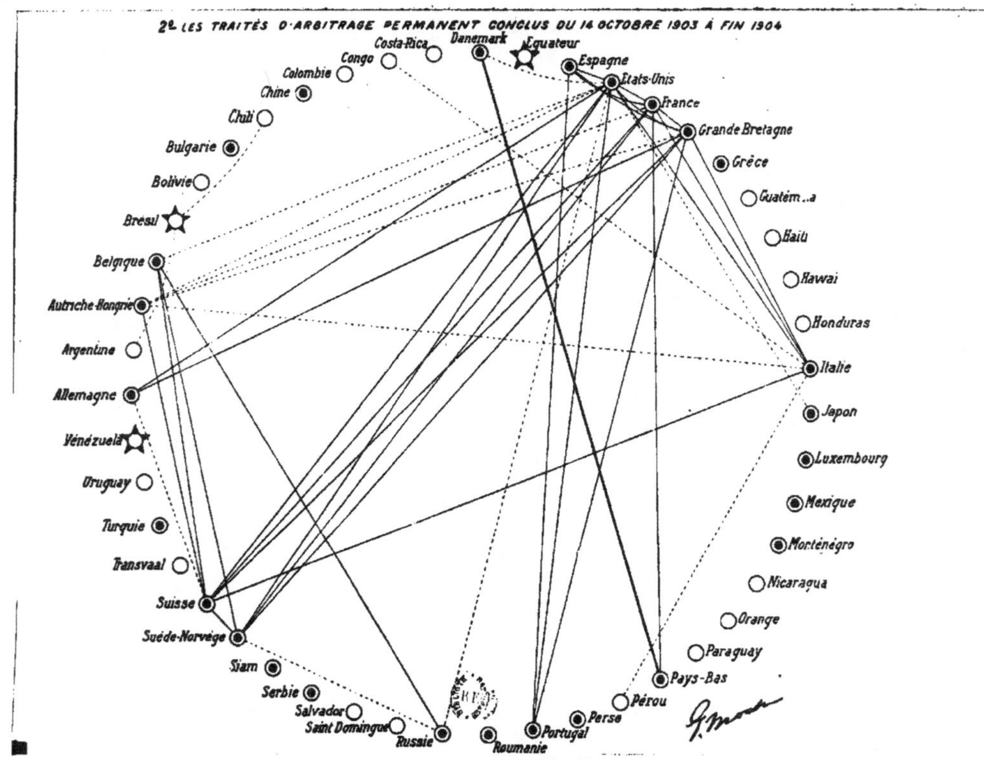

2ᵉ LES TRAITÉS D'ARBITRAGE PERMANENT CONCLUS DU 14 OCTOBRE 1903 À FIN 1904
Costa-Rica
Danemark
Équateur
Congo
Colombie
Espagne
Chine
États-Unis
Chili
France
Bulgarie
Grande Bretagne
Bolivie
Grèce
Bresil
Guatém..a
Belgique
Haïti
Autriche-Hongrie
Hawaï
Argentine
Honduras
Allemagne
Italie
Vénézuela
Japon
Uruguay
Luxembourg
Turquie
Mexique
Transvaal
Monténégro
Suisse
Nicaragua
Suéde-Norvége
Orange
Siam
Paraguay
Serbie
Pays-Bas
Salvador
Pérou
Saint Domingue
Russie
Perse
Portugal
Roumanie

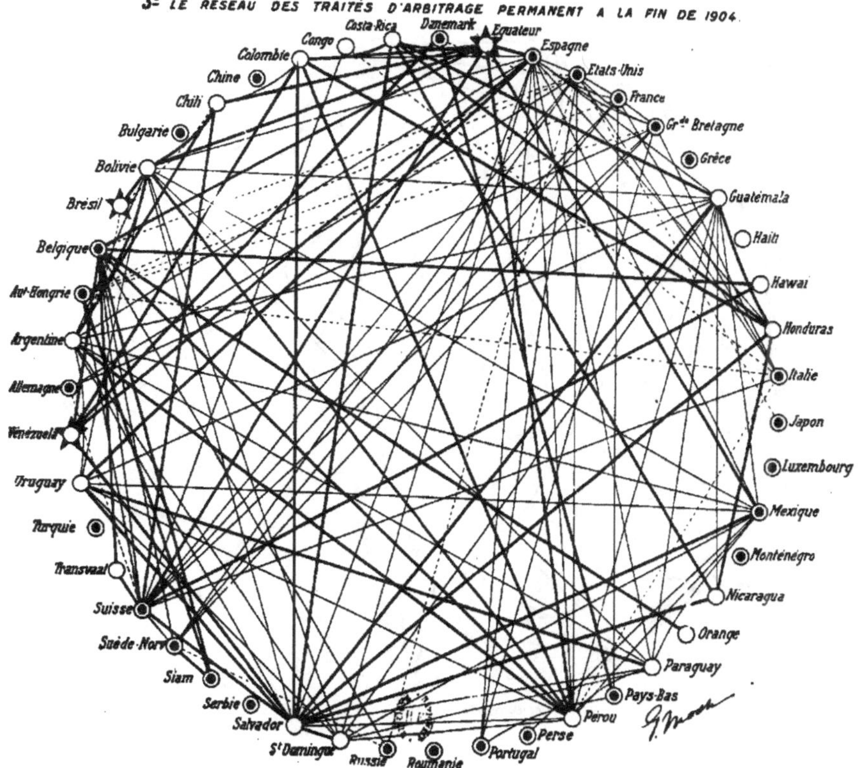

3ᵉ LE RÉSEAU DES TRAITÉS D'ARBITRAGE PERMANENT A LA FIN DE 1904.
Costa-Rica
Danemark
Congo
Equateur
Colombie
Espagne
Chine
Etats-Unis
Chili
France
Bulgarie
Grᵗᵉ Bretagne
Bolivie
Grèce
Brésil
Guatémala
Belgique
Haïti
Aut-Hongrie
Hawaï
Argentine
Honduras
Allemagne
Italie
Vénézuela
Japon
Uruguay
Luxembourg
Turquie
Mexique
Transvaal
Monténégro
Suisse
Nicaragua
Suède-Norv
Orange
Siam
Paraguay
Serbie
Pays-Bas
Salvador
Pérou
St Domingue
Perse
Russie
Portugal
Roumanie

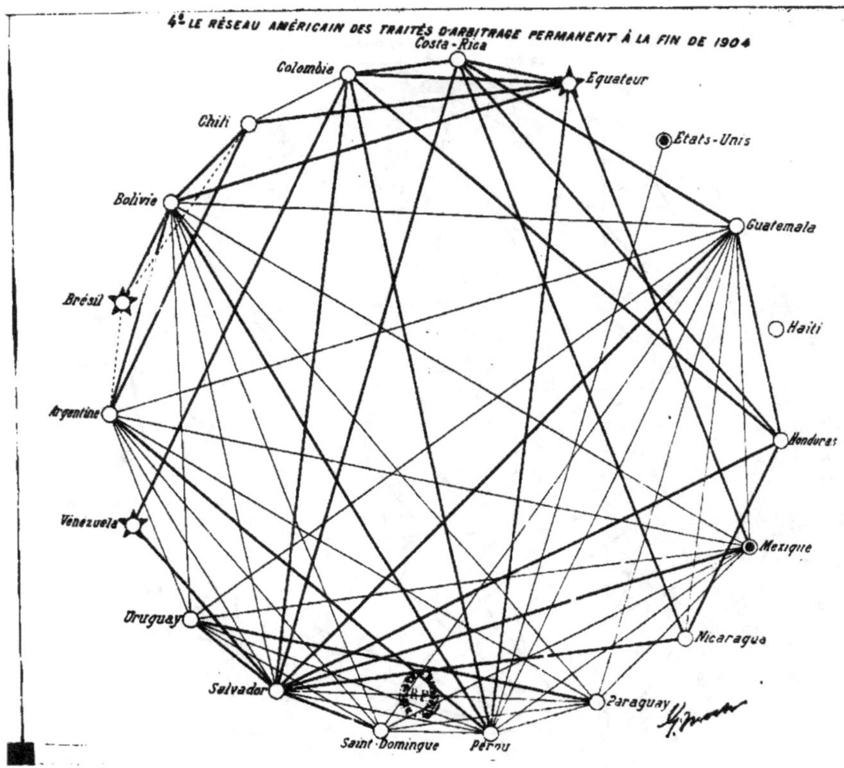

4ᵉ LE RÉSEAU AMÉRICAIN DES TRAITÉS D'ARBITRAGE PERMANENT À LA FIN DE 1904
Costa-Rica
Colombie
Equateur
Chili
Etats-Unis
Bolivie
Guatemala
Brésil
Haïti
Argentine
Honduras
Vénézuela
Mexique
Uruguay
Nicaragua
Salvador
Paraguay
Saint-Domingue
Pérou

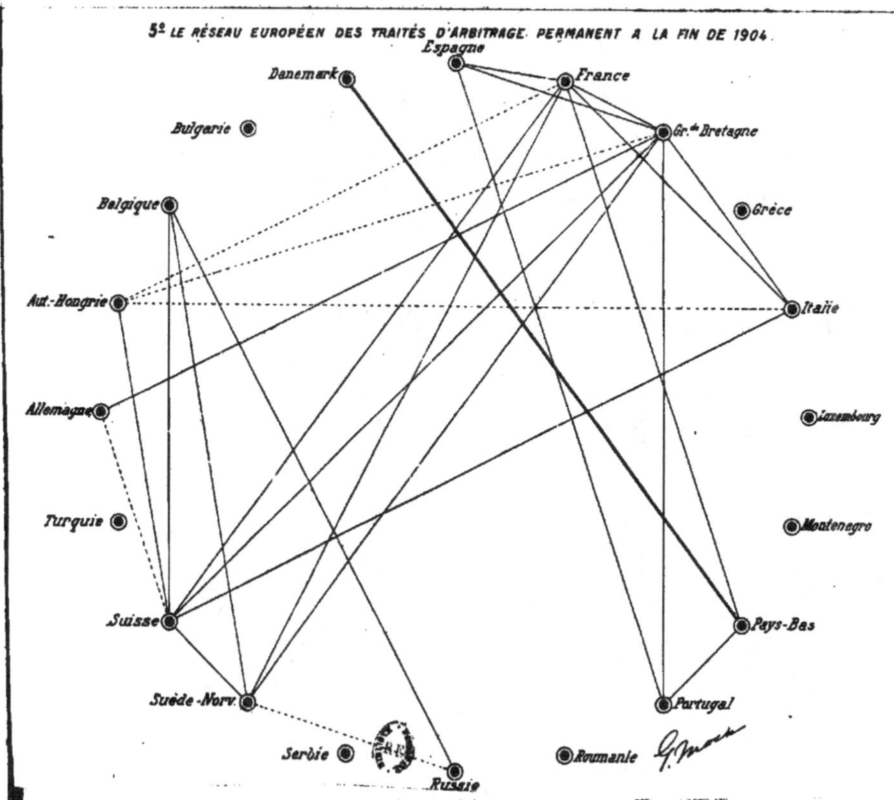
5° LE RÉSEAU EUROPÉEN DES TRAITÉS D'ARBITRAGE PERMANENT A LA FIN DE 1904
Espagne
Danemark
France
Bulgarie
Gr.de Bretagne
Belgique
Grèce
Aut.-Hongrie
Italie
Allemagne
Luxembourg
Turquie
Montenegro
Suisse
Pays-Bas
Suède-Norv.
Portugal
Serbie
Roumanie
Russie

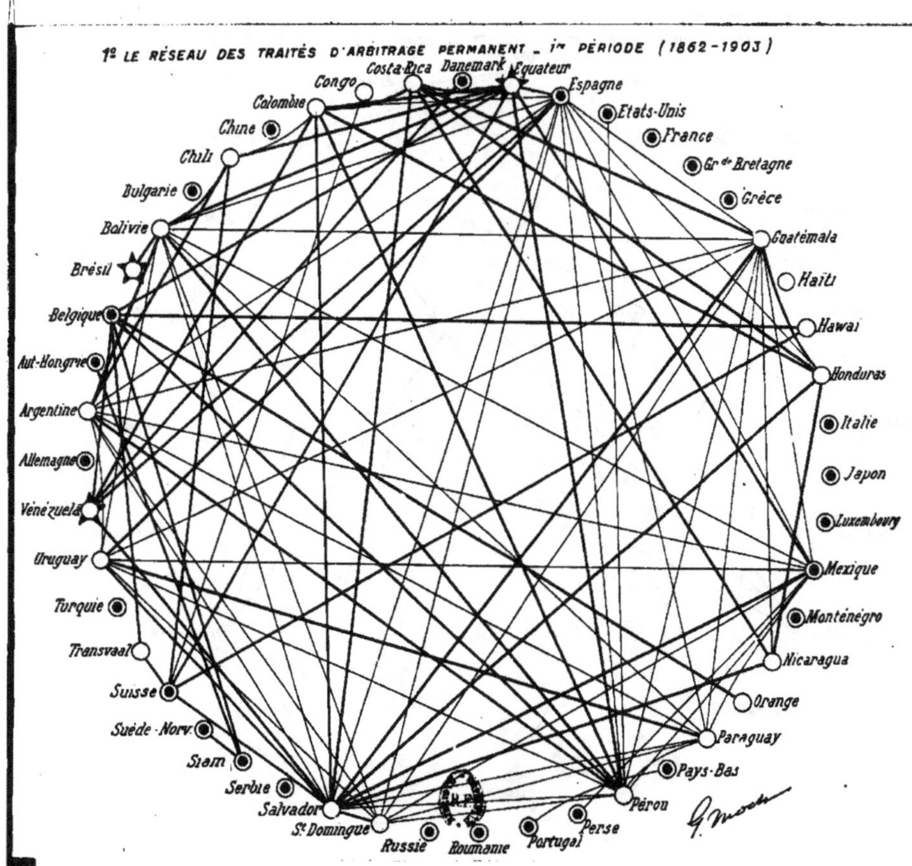

1º LE RÉSEAU DES TRAITÉS D'ARBITRAGE PERMANENT – 1ʳᵉ PÉRIODE (1862-1903)
Congo
Costa-Rica
Danemark
Équateur
Espagne
Colombie
Chine
Chili
Bulgarie
Bolivie
Brésil
Belgique
Aut-Hongrie
Argentine
Allemagne
Vénézuela
Uruguay
Turquie
Transvaal
Suisse
Suède-Norv.
Siam
Serbie
Salvador
St Domingue
Russie
Roumanie
Portugal
Perse
Pérou
Pays-Bas
Paraguay
Orange
Nicaragua
Monténégro
Mexique
Luxembourg
Japon
Italie
Honduras
Hawaï
Haïti
Guatémala
Grèce
Gr ᵈᵉ Bretagne
France
Etats-Unis
G. Moch

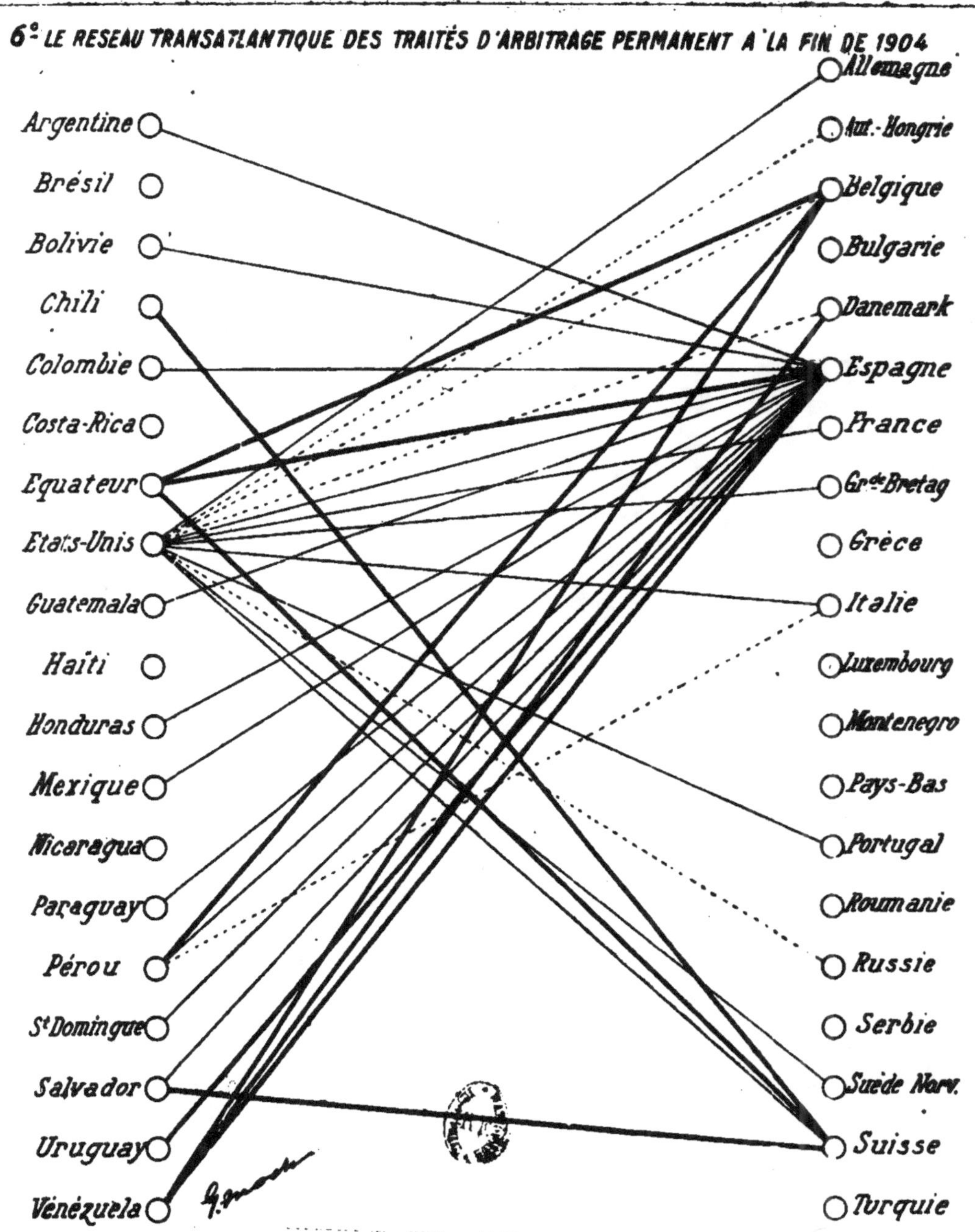

6º LE RESEAU TRANSATLANTIQUE DES TRAITÉS D'ARBITRAGE PERMANENT A LA FIN DE 1904
Argentine
Brésil
Bolivie
Chili
Colombie
Costa-Rica
Equateur
Etats-Unis
Guatemala
Haïti
Honduras
Mexique
Nicaragua
Paraguay
Pérou
St Domingue
Salvador
Uruguay
Vénézuela
Allemagne
Aut.-Hongrie
Belgique
Bulgarie
Danemark
Espagne
France
Grde Bretag
Grèce
Italie
Luxembourg
Montenegro
Pays-Bas
Portugal
Roumanie
Russie
Serbie
Suède Norv.
Suisse
Turquie